Os Anjos da Atlântida

Doze Forças Poderosíssimas para
Transformar Sua Vida para Sempre

Stewart Pearce

Os Anjos da Atlântida

Doze Forças Poderosíssimas para
Transformar Sua Vida para Sempre

Tradução:
Giovanna Louise Libralon

MADRAS®

Publicado originalmente em inglês sob o título *The Angels of Atlantis*, por Findhorn Press, uma divisão da Inner Traditions International, Rochester, Vermonnt, Estados Unidos.
Esta edição é publicada por acordo com a Inner Traditions International.
©2011, texto de Stewart Pearce.
© 2011, ilustrações de Richard Crookes.
Direitos de edição e tradução para o Brasil.
Tradução autorizada do inglês.
© 2019, Madras Editora Ltda.

Editor:
Wagner Veneziani Costa

Produção e Capa:
Equipe Técnica Madras

Tradução:
Giovanna Louise Libralon

Revisão da Tradução:
Jefferson Rosado

Revisão:
Jerônimo Feitosa
Arlete Genari

Dados Internacionais de Catalogação na Publicação (CIP)
(Câmara Brasileira do Livro, SP, Brasil)

Pearce, Stewart
Os Anjos da Atlântida: doze forças poderosíssimas para transformar sua
vida para sempre/Stewart Pearce; tradução Giovanna Louise Libralon. – São Paulo:
Madras, 2019.
Título original: The angels of Atlantis: twelve mighty forces to transform your life forever.

ISBN 978-85-370-1162-1

1. Anjos 2. Autoajuda 3. Esoterismo
4. Espiritualidade I. Título.

18-21325 CDD-133

Índices para catálogo sistemático:
1. Espiritualidade: Evolução espiritual:
Esoterismo 133
Iolanda Rodrigues Biode – Bibliotecária – CRB-8/10014

É proibida a reprodução total ou parcial desta obra, de qualquer forma ou por qualquer meio eletrônico, mecânico, inclusive por meio de processos xerográficos, incluindo ainda o uso da internet, sem a permissão expressa da Madras Editora, na pessoa de seu editor (Lei nº 9.610, de 19/2/1998).

Todos os direitos desta edição, em língua portuguesa, reservados pela

MADRAS EDITORA LTDA.
Rua Paulo Gonçalves, 88 – Santana
CEP: 02403-020 – São Paulo/SP
Caixa Postal: 12183 – CEP: 02013-970
Tel.: (11) 2281-5555 – Fax: (11) 2959-3090
www.madras.com.br

Índice

Agradecimentos 7
Prólogo 9
1. Anjo Gabriel 40
2. Anjo Hanael 52
3. Anjo Jofiel 62
4. Anjo Metatron 71
5. Anjo Miguel 83
6. Anjo Rafael 95
7. Anjo Raziel 106
8. Anjo Sandalfon 121
9. Anjo Shamael 132
10. Anjo Uriel 144
11. Anjo Zadkiel 156
12. Anjo Zafkiel 168
Epílogo 180

Agradecimentos

Sua tarefa não é buscar o amor, mas olhar para dentro de si e encontrar todas as barreiras que você ergueu contra o amor supremo.
– Rumi

Perder-se na floresta da vida pode ser perturbador, encontrar-se em uma campina de espiritualidade pode ser fascinante, porém, não há virtude mais profunda na liberdade do que a que se revela quando as barreiras no caminho da jornada espiritual são eliminadas.

Os santos Anjos que se comunicam comigo nos oferecem um viaduto poderoso de acesso a esse caminho e, por isso, eu lhes agradeço com um entusiasmo que anima o âmago de meu coração e de minha alma. Afinal, sem seus ensinamentos, sem sua sabedoria e amor, meu caminho e o caminho de muitos daqueles com quem converso no mundo todo seriam uma série de tropeços em banalidades. Ser um visionário requer perspectiva e, graças aos céus, os Anjos da Atlântida nunca deixaram de lançar uma luz muito brilhante em meu caminho em situações de desafio. Sempre há socorro, o amor que vence todas as coisas está eternamente presente.

Minha gratidão se estende ainda aos muitos médiuns alquímicos do mundo todo, por seu alento espiritual. Essas são as pessoas que se associaram ao Templo de Cura Sonora e estão se beneficiando de suas iniciações, conhecidas como A ALQUIMIA DA VOZ. Sobretudo, meu amor a Sergio, que, com seu incrível suporte técnico, seu leal impulso criativo e suas horas de amorosa dedicação, permitiu-me alcançar milhares de pessoas com fluência e verve. Pois Sergio navega, com bravura e em grande estilo, o oceano do cyberespaço e as dimensões além.

Paz a Michael, por sua curadoria editorial: trabalhos semelhantes enfatizam a noção de ajudar o talento a brilhar.

Por fim, minha profunda gratidão a meus maravilhosos editores Thierry e Carol, que me apoiam com tanta confiança ao longo desta jornada de apresentar esses maravilhosos seres-orbes repletos de luz dos iridescentes reinos angélicos.

Namastê.

Stewart Pearce

Prólogo

Enquanto seres de Luz, os Anjos transcendem todas as religiões, filosofias e credos. Anjos não têm religião, tal como conhecemos o termo. Sua existência precede todos os sistemas religiosos que já existiram e existem na Terra.
— **São Tomás de Aquino**

Fábulas e mais fábulas, mistérios e mais mistérios cercam a antiquíssima civilização da Atlântida, tanto que muitos escritores questionam seu *status* de lenda. Perderam-se coisas que não deveriam ter sido esquecidas – a história tornou-se lenda, a lenda tornou-se mito e, não obstante, chega um tempo em que os Anjos desejam, uma vez mais, ajudar a moldar os destinos da raça humana.

Minha intenção ao escrever este livro não é criar uma mística, mas, antes, conectar o leitor com aquela parte de sua psique que ressoa fortemente com a ideia da Atlântida e com as profundezas arquetípicas da natureza humana. Afinal, parece haver, na maioria de nós, um conhecimento subterrâneo e subliminar acerca dessa antiga civilização, tanto que as pessoas mostram reações apaixonadas sempre e onde quer que a Atlântida seja mencionada. Você pode estar em qualquer parte de nosso domínio planetário, do Afeganistão ao Zanzibar,* e as pessoas ficam eufóricas à menção do nome da Atlântida, do grande Atla (os Cientistas Sacerdotais) e de como eles ainda podem abrir os arquétipos da experiência humana com seus ensinamentos.

---

* N.T.: Arquipélago próximo à costa da Tanzânia, que constitui um estado semiautônomo desse mesmo país, no leste da África.

Meu propósito ao escrever é esclarecer a questão de como a sabedoria sagrada da Atlântida infundiu na espécie humana o conhecimento de atrair o espírito à encarnação. Como, por meio de uma profunda reverência pelo divino na natureza, criou-se um vínculo poderoso entre os reinos celestial e profano do Universo. De como a experiência da esfera física, na Atlântida, permitiu que seus habitantes vivessem em um nível elevadíssimo, repleto de jubilosa união com a natureza, com uma percepção indubitável do Cosmos e das outras civilizações planetárias que permeiam a vida do Espaço Exterior. Tudo isso e muito mais passou a constituir a consciência daqueles que viveram inúmeras encarnações atlantes, em um continente que, hoje, jaz sepulto na segurança no fundo do oceano.

O povo da Atlântida experimentou uma forma de viver que vibrava em harmonia com uma bioquímica completamente diferente do nosso *status* molecular contemporâneo. A "supercongruência" do povo atlante foi criada e alimentada por uma oitava de inteligência espiritual que supera em muito qualquer coisa que alcançamos na atualidade (salvo, talvez, por umas poucas exceções notáveis), e o que tenho especial interesse em compartilhar são informações a respeito dessa congruência.

Hoje, existem alguns poucos seres humanos notáveis (à semelhança do atlante Sacerdócio de Atla) que, ao longo de encarnações de purificação cármica, atingiram um estágio de raro amor. Seres humanos que, ao longo de anos de busca espiritual, tentaram encontrar por um ponto de plena existencialidade; que, pelo serviço disciplinado ao Divino, subiram a degraus de iluminação que vibram estados purificados de amor na encarnação física. Tais seres são os *Bodhisattvas* – "os santos viventes" – atualmente vistos em Sua Santidade, o Dalai Lama; no recém-falecido Sathya Sai Baba; em Ammachi, a mãe que abraça; e em Mãe Meera, para mencionar apenas alguns.

Com a luz dos *Bodhisattvas* em minha consciência e por instrução de meus guias angelicais, surgiu em meu coração e em minha alma um enorme desejo de escrever sobre os Anjos da Atlântida, de modo a ajudar em sua transformação, leitor, durante este período de imensa mudança planetária e pessoal – criando uma ponte entre o homem atlante e o homem pós-descoberta da energia atômica. Pois, ao olharmos para o mundo à nossa volta, um mundo que é tão inconstante como um oceano turbulento, podemos encontrar firmeza agarrando-nos firmemente às máximas eternas de amor e de alegria que se encontram entre o antigo sistema mecanicista ocidental e o novo paradigma de maravilhosa harmonia – o alvorecer da Era de Aquário.

Ao nadarmos juntos nessa vaga, ao buscarmos ar para mais uma respiração otimista, ao avistarmos uma esperança segura de terra, pode ser que vejamos uma paisagem radicalmente nova à nossa frente – talvez vejamos um paraíso em que ocorre tamanha transformação interior, que somos elevados a um nível inteiramente novo de consciência, tal como aquele que tivemos antes, na Atlântida.

Diante de nós, há uma visão de nós mesmos como seres criativos e luminosos, engajados no impulso evolutivo do cosmos e tornando-nos, a cada passagem ou passo, seres divinos conscientemente autorrealizados. Nesse estado, podemos personificar um impulso de amor tão grande, que nossa presença física será transfigurada e nós nos tornaremos semelhantes a orbes de luz, fascinados por nosso campo de energia.

Atrás de nós, estende-se uma paisagem inóspita de definição desafiadora, repleta dos escombros de nossas dores de crescimento, caótica ao extremo quando emergimos das profundezas de suas sombras e, não obstante, agora iluminada pela noção do amor de nossa alma – um amor constante, eterno e transbordante de um ardor incondicional.

Muitas mentes brilhantes já escreveram relatos sobre a Atlântida: Platão, Francis Bacon, Helena Blavatsky, Ignatius Donnelly, Rudolf Steiner, Aleister Crowley, Edgar Cayce, e eu me coloco em uma posição de humilde respeito e contemplação desse vasto corpo de sabedoria. Todavia, nesta obra, atuarei como intérprete de uma tradição de sabedoria de origem divina que se fez carne e foi comunicada a mim pelos guias celestiais, que me orientam desde a Convergência Harmônica de 1987 – Os Anjos da Atlântida.

Essas 12 forças poderosas apresentam uma perspectiva das máximas espirituais e das chaves arquetípicas que levaram o povo atlante a criar o céu na terra. Pois tais arquétipos são chaves que revelam o mistério de nossa consciência, retiram o poder da consciência humana do armário cármico em que ela está trancada há milhares de anos, existindo dentro de faixas energéticas que afetam a matriz mesma de onde, no passado, florescia a intenção humana.

Meu encontro com esses ilustres seres angélicos, relatado no epílogo de meu primeiro livro, *The Alchemy of Voice*, evocou ensinamentos que mudaram completamente o rumo de minha vida e da vida daqueles com quem passei a trabalhar. Pois, em verdade, os Anjos nos fazem lembrar que é no Coração que está o Ouro do Amor, no âmago mesmo das chamas da paixão que celebra o lar do amor. Por isso, não se enganem: se abrirmos a câmara secreta de nosso coração e retirarmos do baú do tesouro repleto de amor que temos ali, cheio das mais preciosas joias de alegria, compaixão, empatia, paciência, graça, gratidão, liberdade, esperança e paixão, poderemos de fato herdar a alegria que é nosso direito divino inato.

Assim como era na Atlântida, se abraçamos a noção de AMOR mediante momentos contínuos de nossa consciência, isto é, com um grau de convicção que expresse, por gestos, que O AMOR É TUDO O QUE EXISTE, nós escancaramos a fornalha de nossa convicção espiritual, e a inteligência e a compaixão de um antiquíssimo caminho de amor ardem por meio de nossa vivência. Assim, forja-se uma trajetória ao céu.

Quando a vibração da nota [sonora] de nossa alma nos leva ao êxtase – a única nota característica que constitui o talismã sônico para esse impulso sagrado entoado à existência por nosso coração – produzimos uma harmonia tonal em forma humana que faz cessar o movimento sinfônico do Cosmos em um segundo de suspense. Esse seria um momento de tão belíssima proporção, que poderíamos literalmente ouvir a voz dos Anjos entoando cânticos para nós, lembrando-nos que nossa herança é manifestar os dons da graça e da verdade aqui na Terra.

Por milhares de anos, os povos atlantes praticaram ideais cósmicos como esses. Ao entoar cânticos e falar de amor, paz e abundância, atraindo tais coisas para sua vida, e porque apenas isso importava, eles descobriram uma forma de ser que é plena de alegria. O som e sua ressonância cheia de cor, como luz que lampeja de milhões de cristais, conectavam-nos com a grande joia da existência conhecida como FÉ. Pela aceitação da fé, repetida inúmeras vezes, o maior de todos os prêmios foi revelado – uma conexão sublime com o Divino. Pois esse nível de capacidade espiritual foi decretado pela inteligência da Matriz Cósmica Divina, aprovado por seus Anjos, governado pelo Sacerdócio de Atla e vivido de maneira efetiva por seu povo.

Hoje, com a vivência irrestrita dessa possibilidade, os Anjos nos inspiram a criar intenções para nossa vida como um todo, intenções que ampliam nosso panorama de consciência: que nós proclamemos atos ousados de profundo amor por meio de nosso sagrado campo sonoro vocal e que usemos modalidades de cura tais como a Alquimia da voz como força transmutacional. Essas práticas promovem melhoria prânica e acrescentam bem-estar vital ao fortalecimento de nossa inteligência espiritual. Pois, dentro do som está, literalmente, o protótipo da criação: do Cosmos, do Planeta, de sua vida, leitor, e de toda vida senciente.

Anjos da Atlântida

Os Anjos da Atlântida são:

GABRIEL –	O Mensageiro Divino
HANAEL –	O Guerreiro Sagrado
JOFIEL –	O Santo Libertador
METATRON –	O Professor Sublime
MIGUEL –	O Líder Cósmico
RAFAEL –	O Curador Santo
RAZIEL –	Os Mistérios Divinos
SANDALFON –	O Guardião Sagrado
SHAMAEL –	O Guia Divino
URIEL –	O Companheiro Eterno
ZADKIEL –	O Consolador Divino
ZAFKIEL –	O Amante Sagrado

A Atlântida Quando Visível

O vasto continente da Atlântida estende-se por toda a área planetária hoje conhecida como Oceano Atlântico – do Golfo do México, no oeste, à área atualmente conhecida como Cordilheira do Atlas, no leste. Embora essa massa de terra se tenha alterado muitas vezes no período da civilização da Atlântida, que se estendeu entre 250000 e 11000 a.C. – durante o intervalo entre 32000 e 13000 a.C. (e por 1.500 desses anos solares), o povo viveu em um nível vibracional muito superior ao que, na atualidade, podemos definir como uma vida saudável, dinâmica, alegre e consciente.

Ao longo desses 1.500 anos, antes dos dias finais que levaram a Atlântida para seu túmulo nas águas, os atlantes viveram uma magnífica

Era de Ouro. Isso foi possível porque a vida dos atlantes era sustentada por um DNA com 12 hélices, tão impregnado da luz da Fonte, que eles levavam vidas de alegre bem-aventurança.

A magnificente sinfonia bioquímica do DNA atlante promovia uma harmonia física, emocional, mental e espiritual que vibrava uma condição vigorosa. A vida, animada por essa calibração, criava uma supercongruência de frequência mais elevada, dentro da qual as pessoas e a vida planetária viviam em sinergia com a harmonia universal e intergaláctica.

Ao escrever essa exposição, quero oferecer uma ideia daquela época atlante em que a mestria pessoal, enquanto modelo de prática espiritual, era incentivada por 12 características arquetípicas ensinadas pelos 12 grandes Anjos – pois tais arquétipos são chaves para nossa consciência e, como ritos de passagem, abrem portais para o paraíso. Neles estão codificadas 12 forças que transformarão sua vida para sempre, trazidas a você pela cocriatividade dos Anjos da Atlântida. Pois cocriação é o ardente desejo dos Anjos, na crença de que o próximo passo evolutivo para a humanidade é a colaboração, não a competição.

Quando estivermos alinhados com a interconectividade da matriz da vida, nossa condição enquanto *Homo sapiens* (que significa "inteligência") pode evoluir ao próximo nível de nossa encarnação, que poderia ser chamado *Homo noeticus* (que significa "sabedoria"). Com esse conhecimento, associaremos intuição e cognição, inundaremos nossa mente com nosso coração, o racional com o irracional, o consciente com o inconsciente, o físico com o espiritual, preparando-nos para nossa condição máxima de *Homo luminous* e, assim, viver como Anjos Humanos.

Natureza Angélica

Os anjos são pensamentos de Deus e, como tais, sempre existiram na eternidade do Universo como seres oniscientes, onipresentes e onipotentes. Sua presença é decretada pela Vontade Divina a fim de presentear a humanidade com ministrações da Graça Divina. Sua função é amar pura e simplesmente, um amor incondicional e irrestrito em sua expressão. Sua atividade é vibrar o elixir da graça de formas milagrosas, de modo a reorientar nossa percepção deste plano físico de existência, o mundo tridimensional em que vivemos.

A inteligência angelical iluminada faz com que nos lembremos do criativo estado de imortalidade, que é a única função real de nosso propósito criativo aqui na Terra. Seu amor nos faz lembrar que, no âmago de cada um de nós, reside o conhecimento de que temos nossa origem na Fonte e para Ela retornamos quando a forma se dissolve, mediante a consumação de nossa encarnação, a expiação de nosso carma e a vivência de nossas lições de vida.

A presença dos anjos em nossa vida nos proporciona chaves importantes pelas quais podemos evocar maior sabedoria pela expressão de nosso propósito criativo por meio do espírito, e indica que, quando isso é feito para a melhoria da vida cósmica, como está escrito nos grandes livros de Akasha, nós retornamos para nossa origem. Isso acontece quando o destino de nossa alma evolui para aquele ponto de Emissão Luminosa que nos chama deste Planeta e, assim, regressamos à Fonte.

Esses seres angélicos de luz vêm cuidando amorosamente de nós por *éons* de tempo; não obstante, eles nos auxiliam apenas quando lhes pedimos ajuda. Independentemente do lugar em que estamos, do que fazemos, de quem somos, nossos guardiões angélicos sempre nos envolvem em amor, harmonia e compaixão eternos. Salvo por alguns seres humanos, os níveis de amnésia desenvolvidos por causa da densidade de nossa tridimensionalidade toldam nossa percepção e, por isso, temos dificuldade de conceber sua maravilha suprema ou acreditar nela.

Os Anjos ensinam que a Atlântida surgiu como um experimento cósmico no Hemisfério Norte, ao contrário da Lemúria, ou Mu, que emergiu, na mesma época, no Hemisfério Sul. A natureza do "experimento" foi criada por uma inteligência que existia e ainda existe na forma da Federação Intergaláctica de Seres Ultraterrestres. O conselho, que representa as 24 civilizações do Multiverso, é uma emanação de energia da Fonte com consciência e tecnologia muito mais avançada que a vida terrestre atual.

Na formação dessa intenção criativa original, que surgiu da energia da Fonte, aspectos da força divina ganharam expressão na forma de grupos de almas conhecidos como Mônadas. Elas vieram de muitas regiões do Cosmos a fim de ter a experiência da vida no planeta Terra e, então, devolver essa experiência à Fonte. Os Anjos da Atlântida sugerem que: *em sua essência, os seres humanos são seres sagrados enviados para tocar o domínio temporal com sua criatividade e, portanto, atuam como intérpretes do mundo da matéria.*

O Planeta Azul

Os anjos me dizem que a Terra é um dos planetas mais lindos que existem no Cosmos. Eles afirmam que não há, no Universo inteiro, outro planeta que apresente a possibilidade física de vida da Terra, existente mediante as características únicas que constituem sua rara beleza. Veja, o planeta Terra vibra em um campo energético único dentro da Matriz Cósmica e suas condições físicas, criadas mediante a combinação de carbono, nitrogênio, oxigênio e hidrogênio, são diferentes de muitos dos outros planetas do Sistema Solar.

A biodiversidade do planeta Terra é tão variada, tão rica e tão bela, que muitos seres de outros planetas desejaram viver fisicamente nesta poderosa massa de terra. Uma vez experimentada a vida aqui, as almas querem repetir sua encarnação, visto que a Terra Sólida tem uma força gravitacional diferente de qualquer outro planeta e, portanto, atrai a alma a sentir o potencial da vida no interior da forma física.

De fato, os Anjos sugerem, por telepatia, que, milhões de anos atrás, a fisicalidade do planeta Terra era exclusivamente a da água, reunida pela força magnética pela gravidade de duas ou três luas celestes. Além disso, a formação molecular de H_2O ocorreu pela primeira vez quando a consciência inicial de Terra Sólida estava sendo formada. Pois o destino último do planeta era ficar coberto de água, como um líquido cintilante que formava um plano de consciência, uma membrana de pensamento e força que funcionaria como um campo energético de supercondutividade. Isso deu origem ao termo Planeta Azul.

Ainda, as mais puras energias deveriam ser amplificadas pelo campo de água que cobrisse o planeta, tal como ocorre nos fluidos aquosos do corpo humano e, como ilustra o elemento água em muitas culturas, a superfície viva do planeta seria permeada por uma força maravilhosa – a do sentimento. Pois o sentimento é a linguagem vibracional da Fonte e, portanto, a linguagem da Alma.

A intenção era que um aspecto da consciência cósmica se manifestasse sobre a Terra de uma forma única e, desse modo, produzisse uma experiência de inteligência intergaláctica que ressoasse com a biodiversidade do planeta Terra. Assim, de todos os domínios planetários dentro deste sistema estelar, a biologia da Terra foi criada como um paraíso de biodiversidade para abrigar tal experiência.

Naquele estágio evolutivo, decidiu-se conduzir o desenvolvimento planetário por meio de uma percepção consciente de sentimentos. A decisão foi que a Terra seria o único planeta de escolhas, isto é, o único planeta de livre-arbítrio no Universo inteiro, o único planeta para o equilíbrio do espiritual com o físico. Em outras palavras, a decisão foi a criação de um paraíso como um experimento cósmico sem precedentes.

Logo, o corpo de água permitiu que a linguagem do "sentimento" fosse transmitida. Veja, uma consciência superior no Universo desejava investigar a natureza daquelas energias em forma tridimensional e promover oitavas de consciência que, até hoje, não ganharam expressão. Tais "oitavas" existem separadamente da emoção, visto que emoções são distorções – são experiências de separação da Fonte una e única – ao passo que a ordem superior dos sentimentos é congruente com a essência divina. Os Anjos afirmam que o Amor não é uma emoção, mas uma vibração superior que conduz a alma pelas várias oitavas de consciência planetária.

O Poder da Água

De toda a água da superfície da Terra, 95% ainda é salgada, e água salgada conduz energia eletromagnética com grande velocidade. Do mesmo modo, sabemos que os seres humanos expressam sua criatividade e sentimentos através de fluidos, seja por meio de lágrimas, transpiração, troca sexual prazerosa, a eliminação de excrementos do corpo, ou na vida do feto mergulhado no líquido amniótico, que inspira e expira seu suco vital. Nosso corpo sempre foi regido pelos elementos terra, água, ar, fogo e éter.

A água é o supercondutor do sentimento – um tema estudado por Masaru Emoto em seu trabalho *The Hidden Messages in Water* – e, como a Terra é o único planeta que permite escolhas, o Planeta Azul tornou-se um laboratório para condições contrastantes que demandam escolhas para entrar em funcionamento. Esses contrastes surgem de um sistema binário que indica que nada é singular, pois todas as coisas são plurais. Onde há luz, existe escuridão; onde há pensamento, existe sentimento; onde há amor, existe ódio; onde há culpa, existe inocência; onde há expressão, existe depressão; onde há aceitação, existe negação. Essa lista literalmente segue ao infinito, pois muitos contrastes foram criados em todas as perspectivas de consciência encontradas na Terra Sólida.

Desse modo, vemos que o planeta Terra sempre foi crucial na evolução da vida cósmica, e sua proximidade do Sol no centro do sistema solar, característica partilhada igualmente por Mercúrio e Vênus, ilustra isso ainda mais. Portanto, com sua frequência vibratória tridimensional, sua biologia incrivelmente diversa e seu sistema binário de escolhas, o planeta Terra tornou-se um lugar único para cada Mônada viver e, com isso, as Mônadas foram capazes de refratar-se em formações singulares a partir de sua fonte.

Cada alma foi agraciada com a oportunidade de encarnar em um corpo físico para vivenciar as sensações do que é ser humano ao tocar o domínio temporal. Os Anjos ensinam que o esqueleto humano foi formado mediante um protótipo divino, ao passo que o corpo sensorial muscular-respiratório foi criado mediante um espectro de escolhas de pensamento determinadas por cada ser humano. Assim, cada alma encarnava a fim de ter responsabilidade exclusiva por sua forma física, ao mesmo tempo em que permanecia em eterna conexão com a Fonte.

Evolução Humana e Planetária

Precisamos despertar uma compreensão fundamental neste momento da evolução: de que precisamos alcançar a aurora de um espírito novo e radical. Temos de nos conscientizar de que as escolhas feitas por muitos de nós no planeta Terra não ressoam com a verdade máxima e, portanto, nosso planeta não está evoluindo na medida em que poderia. Essas escolhas abusivas fixaram nossa condição humana nos desejos da carne apenas, que está em uma busca constante por mais estímulos. No entanto, para que o Universo evolua, é fundamental que o planeta Terra também evolua. Ao mesmo tempo, para que os demais planetas evoluam, é importante que nós, seres humanos, consigamos evoluir, de modo que o amor do Universo possa gerar a energia que alimenta o Criador/Criadora do Cosmos, como uma inspiração profunda.

Por outro lado, o que vem acontecendo no planeta Terra é que muitas almas ficaram retidas ou presas em sua atmosfera e, assim, reencarnam repetidas vezes no mesmo mundo, por serem mantidas no desejo febril do materialismo. Esse estado mantém tais almas firmemente presas na força planetária, muito embora a Terra tenha sido criada, de início, para ensinar o equilíbrio entre o celestial e o temporal, o espiritual e o físico.

Os Anjos pedem que compreendamos que é imperativo acabar com essa permanência prolongada na gravidade da forma humana. É essencial alertarmos o corpo emocional do perigo de seus desejos, elevando emoções rudimentares a um plano mais elevado de sentimento puro. É importante afastar individualidade de individualidade para promover uma satisfação de nossas energias e, desse modo, reduzir a densidade emocional criada por nosso uso inadequado da gravidade.

Então, e somente então, a verdadeira realidade poderá ser revelada – a união de espírito e corpo como propósito manifesto da humanidade. Precisamos reconhecer que, dentro de cada um de nós, está a chave que promove a mudança: é nossa responsabilidade, nosso livre-arbítrio e nossa escolha.

As Sociedades da Atlântida

O povo da Atlântida viveu suas encarnações terrenas em meio a um plano tridimensional de existência, embora percebesse a vida a partir de uma perspectiva pentadimensional. Apenas os Sacerdotes-Cientistas de Atla eram capazes de acessar outros níveis de inteligência da alma – da sexta à nona dimensão da consciência e, em alguns casos, dimensões até mais elevadas. No todo, existem 12 dimensões, e os níveis mais elevados mostram-se separados do que atualmente percebemos como a realidade tridimensional. Esses níveis harmônicos superiores transitam pela décima, 11ª e 12ª dimensões e chegam a impregnar-se dos princípios criadores na fonte mesma da criação.

Como 12 é vibração numérica da ressonância universal, os atlantes viviam em 12 denominações espalhadas pelo continente, e os Anjos dizem que havia entre sete e 12 mil seres vivendo em cada congregação (o número 7 reflete a frequência de ressonância do planeta Terra). As denominações eram construídas em formações circulares, espelhando as ondas energéticas do cosmos, o que aperfeiçoava os graus de inclusividade, já que cada alma individual harmonizava suas escolhas humanas com as escolhas da vontade Divina.

No centro de cada congregação, construía-se um Templo para atividades de profunda devoção e cura. Viver em uma frequência pentadimensional significava estar em conexão com um raro grau de sensibilidade – sobretudo com relação à sagrada lei da unidade – e, desse modo, os atlantes iam aos Templos para rituais específicos ao longo do ciclo de 24 horas de dia e noite. Eles faziam isso a fim de permanecer puros dentro de sua vibração, venerando as energias solares e lunares, e em conjunção com os outros domínios planetários do Universo.

Os rituais eram liturgias belíssimas, vivenciadas por meio da totalidade da consciência que une corpo e espírito. Basicamente, os rituais eram interpretados por iniciados bastante evoluídos, ordenados Sacerdotes-Cientistas de Atla, e eles sabiam como evocar estados alterados de consciência, pois o Atla tinha a habilidade de curar pelo amplo uso de Luz e Som.

A vibração dessas modalidades de cura era amplificada pelo uso intensivo de cristais livres de impurezas, como o diamante, o quartzo, a larimar e a ametista, juntamente com outras pedras semipreciosas, formadas a partir da geologia do planeta Terra ou trazidas de outros sistemas planetários, visto que havia muitos visitantes de outros sistemas estelares engajados no experimento da Terra Sólida.

Os Crânios de Cristal

Um Crânio de Cristal de Quartzo era colocado no centro de cada Templo. Esses poderosos cérebros estelares, esculpidos a partir de blocos compactos de cristal mediante o uso de *laser* e sonar, guardavam, em código, transmissões puramente cósmicas da Matriz.

No total, havia 12 Crânios de Cristal de Quartzo. Apesar disso, até nosso atual momento terrestre de 2011, apenas um foi encontrado, em 1927, durante a escavação arqueológica de um templo maia em Belize – ele é conhecido como o crânio Mitchell-Hedges – e, como os demais crânios, contém poderosas energias cósmicas que, em nossa atual densidade tridimensional, perdemos a capacidade de identificar.

Os Anjos informam a mim que os outros 12 Crânios de Cristal de Quartzo foram desmaterializados pelo Atla nos tempos finais da Atlântida. Veja, os Sacerdotes conheciam muito bem o poder extraordinário dos Crânios e os esconderam na biblioteca de pensamento, mantida no interior do corpo etérico da grande Esfinge, em Gizé. Curiosamente, desde a segunda metade do século XIX, geólogos tentam encontrar esse salão de registros, mas suas tentativas foram todas frustradas. O motivo é que o esconderijo é mantido oculto pelos códigos sonoros dos antigos.

O 13ª crânio (13 é a vibração numérica da transformação espiritual) era feito de ametista e ficava no santuário do grande Templo de Poseidon. Esse era o Templo da Existencialidade Infinita e situava-se na região do que hoje conhecemos como a Cordilheira do Atlas, no Marrocos. Poseidon, o Deus do Oceano, foi proclamado o Guardião do Selo da Atlântida – esse selo é um glifo sônico de "a terra que emergiu da água".

O Crânio de Cristal de Ametista era um Cristal Guardião que sincronizava a força dos outros 12 crânios e criava um portal dentro da gravidade do planeta Terra para a entrada de seres de dimensões superiores e suas informações sobre a vida do Cosmos. O crânio ficava dentro de uma proteção de oricalco debaixo do gigantesco Cristal Tuaoi, que também era guardado dentro do santo dos santos do Templo de Poseidon. O oricalco é uma liga de bronze de cor dourada, que era largamente usada por toda a Atlântida por sua propriedade ímpar de transmissão de força.

De fato, cristais amplificam energias sônicas e luminosas, permitindo que ocorra uma conexão maior com força, pois essas energias constituem transmissores puros das emanações energéticas da Fonte e, como a pureza espiritual era o principal poder da Atlântida, os cristais eram constantemente usados para se alcançar cura e alegria sustentável.

O Cristal Tuaoi ou Grande Cristal da Atlântida também era conhecido como "Pedra de Fogo". Tratava-se de um imenso cristal de quartzo guardião estelar cilíndrico, cinzelado na forma de um prisma de seis lados. Ele era um transmissor da força intergaláctica que se derramava sobre ele – energias solares, lunares e estelares eram magneticamente atraídas ao Tuaoi, que, por sua vez, gerava força para todo o continente atlante.

Essa força promovia condições de saúde potencializada para as pessoas e para a flora e a fauna da vida planetária em geral. De fato, os Anjos me informam que a tecnologia do Grande Cristal da Atlântida criava uma abóbada atmosférica sobre o continente, o que estabilizava a meteorologia e contribuía para o desenvolvimento de um ecossistema rarefeito. Viver dentro da abóbada melhorava as energias da vida pentadimensional das pessoas, que costumavam viver por um número de anos muito superior à nossa atual cronologia da vida humana.

Os Anjos me contam que os 12 Adeptos, os evoluidíssimos Sacerdotes-Cientistas da Atlântida, eram os únicos seres que recebiam a graça de servir junto do Tuaoi e do Crânio de Ametista. Os Sacerdotes e Sacerdotisas eram de extraordinária linhagem espiritual, oriunda dos sistemas estelares de Órion e Sírius. Eles haviam passado por muitas provas espirituais ao longo de centenas de vidas de heroísmo e eram profundos conhecedores da sabedoria e tecnologia espiritual. De fato, eles foram os precursores de civilizações posteriores, como a egípcia, a céltica, a mesopotâmica, a grega e a romana, às quais faço referência mais adiante.

Cada um dos 12 Anjos da Atlântida prestava auxílio específico aos 12 Adeptos, embora a força onipresente dos Anjos implicasse que eles podiam se fazer presentes a todos os seres, a todo instante. Além disso, mediante sua força arquetípica, eles eram capazes de levar energias planetárias, elementais e celestes a um ponto de união divina, o que, em consequência, ajudava a estabilizar os fluxos de energia que atuavam por meio da existência planetária tridimensional.

A presença interestelar dos Anjos era tida por profundamente sagrada, tanto que os Sacerdotes consideravam os Anjos guias celestiais e auxiliares sagrados. De fato, essa crença fundamental sobreviveu nas antigas civilizações do Egito, da Grécia e de Roma. Na realidade, no *Livro dos Mortos do Antigo Egito* existem 500 presenças celestiais conhecidas, ao passo que, nas antigas culturas mediterrâneas, os Anjos tinham atuação prática na vida das pessoas, graças à noção do *daemon* grego e do "gênio" romano, que eram considerados a força guardiã de cada indivíduo.

Os Sacerdotes-Cientistas de Atla

Os Sacerdotes-Cientistas de Atla tinham sete nomes, cada qual representando um aspecto diferente de sua atuação divina. Tais nomes são protegidos por véus astrais, pois, se alguém tomasse conhecimento do nome da identidade de alguém, a força vital dessa pessoa também podia ser retida. Portanto, os nomes de Atla eram pronunciados tão somente por iniciados cuja integridade fosse inquestionável. Tais nomes foram registrados no Crânio de Cristal de Ametista e, até hoje, continuam impossíveis de se descobrir. Em vez deles, o que se consegue encontrar é de que modo suas identidades foram transmutadas em outras à época do grande cataclismo continental.

Esse foi um acontecimento espantoso, provocado pela força sinistra do desejo, e mudou completamente a malha magnética do planeta, alterando o eixo polar. Antes desse desastre terrível, o Atla soube telepaticamente da iminente destruição e, então, levou os "caminhos da verdade" para outras terras, cada Sacerdote-Cientista amparando a migração de uma das 12 denominações. Em consequência, isso liberou a força sinistra como parte da evolução cármica do planeta e as novas áreas territoriais tornaram-se colônias das antigas denominações.

Os nomes dos Sacerdotes-Cientistas de Atla passaram a ser:

AMON
ANÚBIS
HATHOR
ÍSIS
MAAT
MUTT-NUTT
OSÍRIS
PTAH
RÁ HÓRUS
SEKHMET-BAST
SETH
THOTH

Por ocasião da queda, o Atla dispersou-se em 12 direções específicas, conduzidos por sua inteligência ímpar e, seguindo as Linhas de Ley da matriz planetária, rumo a outros poderosos centros energéticos terrestres. A tecnologia solar-cristalina que eles possuíam movimentava Embarcações Voadoras que foram usadas para viajar milhares de quilômetros sobre vastas áreas de terra e água. Também viajavam mediante o uso de aspectos alterados de consciência – pois eram Senhores e Senhoras do peso, do espaço e do tempo. Veja, graças a sua intuição aguçada e seus níveis superiores de inteligência psíquica, eles conseguiam extrair energia da Matriz Cósmica e, assim:

Amon instalou-se no Peru.
Anúbis instalou-se no Tibete.
Háthor instalou-se nas Ilhas Mediterrâneas Setentrionais.
Ísis instalou-se na Palestina e em Ur.
Maat instalou-se nas regiões maias da Península de Yucatán.
Nutt-Mutt seguiu para a ilha hoje conhecida como Grã-Bretanha.
Osíris seguiu para o Egito.
Ptah instalou-se na Mesopotâmia e no Egito.
Rá-Hórus instalou-se na Grécia.
Sekhmet-Bast instalou-se no Egito.
Seth instalou-se no que hoje é a América do Norte.
Thoth instalou-se no Egito.

Em suas posteriores vidas greco-romanas, os nomes dos Sacerdotes-Cientistas passaram a ser conhecidos como:

Amon – Diana ou Ártemis
Anúbis – Poseidon ou Netuno
Háthor – Afrodite ou Vênus
Ísis – Deméter ou Ceres
Maat – Hades ou Plutão
Nutt-Mutt – Véstia ou Vesta
Osíris – Zeus ou Júpiter
Ptah – Hera ou Juno
Rá-Hórus – Apolo ou Febo
Sekhmet-Bast – Atena ou Minerva
Seth – Ares ou Marte
Thoth – Hermes ou Mercúrio

Os ideais, arquétipos ou vibrações características desses seres serão estudados em capítulos posteriores. No entanto, observe como a vibração numérica do legado atlante sobrevive pelo conhecimento da prática esotérica contemporânea:

1. Os 12 Anjos da Atlântida
2. As 12 Dimensões da Consciência
3. As 12 Leis do Universo
4. Os 12 Planetas de nosso Sistema Solar

5. Os 12 Signos Astrológicos
6. Os 12 Meses Solares/Lunares
7. As 12 Placas Tectônicas do Planeta Terra
8. As 12 Tribos de Israel
9. Os 12 Nervos Cranianos
10. Os 12 Chacras
11. Os 12 Meridianos da Acupuntura
12. Os 12 Apóstolos de Jesus

AS 12 LEIS UNIVERSAIS

As 12 Leis do Universo eram máximas fundamentais pelas quais se compreendia plenamente a vida física na natureza tridimensional do planeta Terra. Tais leis eram consideradas chaves essenciais da criação e usadas, com sucesso, para equilibrar a vida das pessoas. Além disso, essas chaves eram canais diretos de energia da Fonte, de modo que as leis estabilizavam amor, harmonia e prosperidade.

Ainda, pela manutenção das 12 Leis, acreditava-se que as joias divinas do amor incondicional, da paciência, da caridade, da compaixão, da graça, da honestidade, da alegria, da esperança, da gratidão, da bondade, da humildade e da fé eram preservadas com mais facilidade.

As Leis eram:

1. A LEI DA UNIDADE – Toda energia molecular, tanto de força humana como planetária, era considerada parte da interconectividade da Consciência Universal. Não existia a crença na separação, visto que todas as coisas eram consideradas em conjunto com as demais. Daí a existência de cada templo, construído segundo a geometria do círculo, sugerindo a inclusividade do princípio feminino. Pela pentadimensionalidade, os atlantes conseguiam ver o efeito direto da teoria da unidade.

2. A LEI DA VIBRAÇÃO – A criação inteira é constituída de vibração, que acontece em ciclos ou ondas de padrão circular. Acreditava-se que a totalidade da manifestação exterior era a vibração do todo da realidade interior. Desse modo, os atlantes meditavam sobre a vibração da vivacidade em sua vida. Eles observavam o tremular de uma folha ao vento ou o impulso do som vibrando pela água. Eles veneravam verdadeiramente essa poderosa força da natureza.

3. A LEI DA RELATIVIDADE – Cada encarnação era escolhida com o intuito da vivência de iniciações ou provações da alma e, portanto, para fortalecer a luz interior da alma. Cada provação era vista como um desafio, não um problema, e ensinava-se cada indivíduo a permanecer conectado à consciência do coração pelo amor ao mundo natural. Da mesma forma, acreditava-se que, quando existia infelicidade, havia sempre outra pessoa vivendo um desespero maior. Portanto, as inteligências emocional e espiritual eram ensinadas e vivenciadas como ferramentas para a encarnação – o espírito vivendo plenamente na matéria.

4. A LEI DO RITMO – A natureza inteira vibra nos ritmos da vida, criando as estações do ano ou ritmos e os ritmos circadianos, os ciclos da natureza – em que o dia se segue à noite pelos ritmos do crescimento ou da evolução. A positividade sempre foi vista como negatividade transformada. Por isso, os atlantes veneravam a importância do ritmo em sua vida, cultuando a sacralidade do dia que se transforma em noite, ou da primavera que se torna verão.

5. A LEI DA POLARIDADE – Todos os aspectos da força planetária existem mediante o *continuum* de contraste – todos os estados de existência têm um polo oposto. Assim, ensinava-se o povo atlante a modificar uma circunstância desafiadora pela concentração em seu oposto. Viver em um nível pentadimensional no planeta Terra proporcionava uma percepção imediata das diferenças e semelhanças entre a Terra e as energias da Fonte. Acreditava-se que não existia realidade linear para além das três primeiras dimensões.

6. A LEI DA AÇÃO – Todo fluxo existe graças ao engajamento na ação derivada do pensamento, da palavra e do ato. O som leva à manifestação da ação e, por isso, os atlantes dedicavam-se à expressão vocal sagrada por meio de canções, cânticos e recitação de orações, a fim de desenvolver práticas de profunda ação.

7. A LEI DA ATRAÇÃO – Todos os pensamentos, palavras e atos atraem energia semelhante. Desse modo, os atlantes usavam os chacras cardíacos individual, universal e cósmico para atrair magneticamente a criação à existência. Eles entendiam o pensamento como uma força elétrica e o sentimento como uma força magnética. Assim, eles eram capazes de decidir o que desejavam atrair e sentir como seria ter o objeto desejado, tudo a serviço da Fonte.

8. A LEI DA MANIFESTAÇÃO – O efeito visível de nossas ações pode se dar na forma de dádivas, milagres, bênçãos e amizade, ou como medidas contraditórias. Portanto, cada atlante era incentivado a ver os milagres diários da vida na Terra como consequência direta de sua crença na manifestação.

9. A LEI DO CARMA – Toda ação tem sua causa e efeito, sua ação e reação. Nada acontece por acaso, pois aquilo que se planta é o que se colhe e, quando vemos a vida dessa maneira, vemos realmente a graça do espírito permeando todas as coisas.

10. A LEI DA TRANSMUTAÇÃO – Todos os seres têm a capacidade essencial de transformar todo tipo de condições, de modo que a tristeza se transforma em alegria e o ódio se torna amor. Aplicar esta lei universal por meio do respeito à polaridade promove uma poderosa cura e transformação mediante vibrações de luz, cor e som.

11. A LEI DO GÊNERO – Todos os seres e forças têm um complemento masculino ou feminino. Os atlantes aprendiam que se tornar um Mestre significava, antes de qualquer coisa, que era preciso equilibrar tais energias interiores e, só então, tornar-se um cocriador com a Fonte.

12. A LEI DA INTENÇÃO – Toda energia flui mediante intenção, e a força que é negada, recusada ou resistida contém negatividade em vez de aceitação suprema. Por isso, o Atla ensinava a sempre concentrar-se no ideal mais elevado e, então, os níveis superiores de consciência espiritual seriam alcançados.

O DNA de 12 Hélices e o Ano de 2012

Com o respaldo permanente dessas Leis, os atlantes viviam com um DNA de 12 hélices. Tal condição era aprimorada, de forma ímpar, pela clareza da intenção de aumentar o campo de luz de cada ente vivo e sustentada pelos 12 chacras do corpo pessoal e transpessoal de cada atlante. Essa fusão de DNA permitia que os atlantes vivessem em um estado pentadimensional e, por isso, sua vida vibrava uma sensibilidade maior para o amor e a paz. Isso significava uma percepção mais aguçada de psique, clarissenciência, clariaudiência e clarividência, e a combinação dessas habilidades permitia a manifestação de substância material via telecinese – a atuação da mente sobre a matéria. Esses poderes intuitivos avançados permitiam que o povo atlante acessasse facilmente a força da Matriz Cósmica, e de uma maneira que fazia com os Anjos existissem.

Da mesma forma, nos dias de hoje, ondas de energia intergaláctica estão chegando até nós, vindas de um Universo que evolui depressa, e, com isso, estamos ganhando a oportunidade de expandir nossa alma e nosso corpo de luz a um estado pentadimensional. Ou seja, quando todos os planetas de nosso sistema solar se organizarem em uma formação axial única – cada planeta em congruência com o seguinte – o planeta Terra receberá um impulso tão grande de amor do centro mesmo do universo, que as celebrações de 21 de dezembro de 2012 foram um festival de amor como os seres humanos não vivenciaram já há 26 mil anos.

Portanto, à medida que a matriz energética de nosso planeta se transforma, a malha eletromagnética se altera, o próprio tecido de nosso *continuum* de espaço-tempo se combina a uma oitava diferente e nosso corpo de luz evolui, estamos vendo, e veremos cada vez mais, fenômenos globais extremamente inusitados – as manifestações são infinitas. Seja por meio de atividade sísmica em qualquer escala, condições climáticas extremas, comportamento incomum de pássaros e animais, queixas fisiológicas, raras mudanças moleculares, estações do ano mais longas ou mais curtas, intensificação ou enfraquecimento de luz, aumento de atividade óvni ou de círculos em plantações e a manifestação imediata de ações intencionais – tudo isso pulsará com novo vigor e ritmo diferente. Pois está escrito na Bíblia cristã: *Se tiverdes fé como um grão de mostarda, direis a esta montanha, retira-te daqui para lá, e ela se moverá, e nada será impossível para vós* (Mateus 17:20).

Guardiões do Pensamento

É preciso que nos tornemos guardiões do pensamento, pois ocorrerá a imediata criação de qualquer pensamento como consequência da incrível aceleração da força planetária durante esse período de grande mudança. Pensamentos são coisas, pensamentos criam a realidade, formas-pensamento geram poderosos campos de energia que se movimentam em nosso interior e se estendem para além de nós. Eles determinam nossa condição física e emocional, pois somos aquilo que pensamos.

Já é hora de dissipar poluições baseadas no medo, comportamentos repetitivos que nasceram de problemas na infância ou de lesões cármicas. Essas emoções se agravam na consciência da sombra de nosso ser, criando miríades de desafios. As emoções do medo e da raiva poluem os rios de nosso sistema de chacras, que são os biocomputadores de todo o nosso sistema energético, e elas nos impedem de abrir os chacras transpessoais, do oitavo ao 12ª. Os chacras permitem que nosso corpo de luz evolua e se expanda – portanto, a autorrealização é a chave – e vivenciar um relacionamento diferente entre mente e corpo é o portal, ao passo que facilitar o nobre rito da Chama Violeta é a solução.

O antiquíssimo ritual da Chama Violeta surgiu e foi instituído na Atlântida, vivenciado pelos antigos egípcios, reapresentado para nós em 1987 no Monte Shasta por Saint Germain (o Mestre Alquimista) e utilizado por milhões de Trabalhadores da Luz para liberar, expiar e reparar carma pessoal ou coletivo.

As Chaves para Desenvolver Estados Harmônicos de Mente e Espírito

A autorrealização acontece quando reconhecemos verdadeiramente:
1. Que somos seres interplanetários da Fonte;
2. Que somos seres espirituais em uma jornada humana;
3. Que todo pensamento cria a realidade, e sentimentos atraem consequências;
4. Que nossa biologia é nossa biografia;
5. Que nosso código genético é uma escolha cármica;
6. Que o sofrimento acontece quando não estamos "vivendo com consciência";
7. Que a meditação nos coloca em harmonia com a Fonte.

A prática de estados harmônicos de mente e corpo ensina que:
1. O relaxamento ativo por meio da meditação dissolve comportamentos tóxicos de estresse;
2. Sentimentos de amor, compaixão, alegria, perdão e generosidade expandem o campo energético do corpo pela saúde do coração;

3. A tonificação diária do corpo, mediante exercícios cardiovasculares, leva a um estado de saúde sustentável, bem como ingerir alimentos e substâncias fluidas à base de água, que tenham um efeito harmonioso sobre nosso metabolismo;
4. A cura celular por meio do som e da cor nos leva a emissões aumentadas do corpo de luz;
5. A conexão frequência com a quietude e a natureza nos leva ao gerenciamento profícuo de nossa vida e ao destino de nossa alma;
6. Vivenciar o amor, a empatia e a compaixão abre nossa fé ao eterno;
7. Fazer escolhas com o Coração e amar verdadeiramente nos leva à supercongruência.

Facilitar o nobre rito da Chama Violeta promove:
1. A expiação de todo o carma existente;
2. A expansão de nossa percepção extrassensorial;
3. O desaparecimento da causa por trás do efeito das doenças;
4. Uma experiência de nossa paixão e criatividade pessoal mediante a abertura do coração;
5. O conhecimento de nossa condição individual de força da criação;
6. O êxtase da interconexão de TUDO O QUE É;
7. Uma conexão particular com a Fonte.

Os 12 Chacras

Os atlantes viviam em um corpo de luz de 12 chacras e esses chacras ligavam-se (por canais neurais) a seu DNA de 12 hélices. Portanto, eles faziam o *download* da imunidade a partir do *software* do Campo Unificado de Luz para o *hardware* de suas células por meio dos seguintes chacras:

12º PORTAL ESTELAR
11º ESTRELA DA ALMA
10º CORAÇÃO CÓSMICO

9º   ESTRELA TERRESTRE
8º   CORAÇÃO UNIVERSAL
7º   COROA
6º   TERCEIRO OLHO
5º   LARÍNGEO
4º   CARDÍACO
3º   PLEXO SOLAR
2º   SACRO
1º   BASE

12 – O Portal Estelar

Este chacra de força da pura luz branca é um portal situado alguns centímetros acima do 11º chacra, na borda do campo luminoso. Por este chacra você pode sentir sua conexão com o aspecto intergaláctico da vida de sua alma: trata-se de um vórtice energético de grande magnitude, pelo qual você pode vivenciar verdadeiramente a natureza cósmica de sua alma em união com a alma do Cosmos. É por meio deste chacra que seres espirituais evoluídos, vivendo sua prática espiritual como um movimento de volta à totalidade, tornam-se um com a Fonte. Ele é uma emanação do Pai, ou aspecto solar do Cristo, a Consciência Crística, e, assim, conecta-se com o ápice de sua Merkabah. Esse é o "carro" ou veículo de seu corpo de luz e sua geometria é a de duas Estrelas de Davi, cada qual girando em um sentido, em uma formação que transporta seu corpo físico e espiritual de uma dimensão para outra.

Os Sacerdotes-Cientistas da Atlântida, o grande Sacerdócio de Atla, usavam a Merkabah (MER=Luz; KA=espírito; BA=corpo físico) para viajar entre inteligências planetárias e, por isso, pelo uso de hologramas, transmitiam as informações paras as diversas denominações e além.

Hoje, a ativação deste chacra nos devolve a nossa percepção original da consciência superior, abrangendo a totalidade do amor incondicional.

METATRON é quem cuida deste chacra.

11 – A Estrela da Alma

Este chacra magenta conecta a alma enquanto ente ao aspecto feminino do Cristo, representado pela Mãe Terra, Maria ou Quan Yin. Assim, este portal de luz situado acima do oitavo chacra segura delicadamente a alma do ser humano no interior de seu corpo físico e é representado pela compaixão ungida da encarnação individual.

Nos dias atuais, vemos essa energia superior abrir-se na vida de nossos principais professores de sabedoria espiritual, como Sua Santidade, o Dalai Lama; o recém-falecido Sai Baba; Ammachi e a Mãe Meera. Na Atlântida, todos os seres vivos tinham plena consciência de seu chacra da alma, de sua origem planetária e do motivo de sua encarnação no planeta Terra.

De fato, a maioria do povo atlante vinha de Vênus, Sírius e Órion para explorar a natureza do ser no âmbito da densidade física da gravidade terrestre.

SHAMAEL é quem cuida deste chacra.

10 – O Coração Cósmico

Este belo chacra da cor da pedra larimar situa-se entre o chacra cardíaco e o laríngeo no corpo físico e alinha a encarnação da alma com a interconexão do amor cósmico, sendo uma mistura de serenidade do coração e expressão divina. Ele se abre para celebrar seu alinhamento com a consciência das outras 23 civilizações existentes no Universo. Essas civilizações existem nas regiões longínquas da Galáxia e, em nossa sociedade contemporânea, estamos apenas nos abrindo à responsabilidade para com nossos vizinhos extraterrestres ou ultraterrestres, ao passo que os atlantes eram frequentemente visitados por viajantes intergalácticos, abrindo, assim, uma percepção ampliada da vastidão da vida astronômica existente no Multiverso.

ZADKIEL é quem cuida deste chacra.

9 – A Estrela Terrestre

Este chacra dourado encontra-se abaixo dos pés da alma encarnada, a uma distância de 7,5 a 17,8 centímetros, e permite que a noção da dualidade do planeta Terra esteja em equilíbrio no indivíduo. Quando a dualidade alcança um ponto de interconexão, ocorre uma compreensão da unidade – é o ponto imóvel do mundo que gira entre os polos.

Além disso, este Chacra cria um ponto que forma o vértice triangular da base da Merkabah e, com isso, une os Chacras transpessoais superiores ao Chacra pessoal inferior. Se ele está intacto, a Energia da Fonte derrama-se através do indivíduo, a fim de restabelecer a harmonia da consciência do planeta Terra. O amor divino torna-se a força amorosa da Terra e, na vida contemporânea do planeta, podemos ver indícios do despertar deste Chacra no interesse dos povos pela ecologia, nas ações de cocriação e na proteção da natureza do planeta.

Do mesmo modo, os atlantes viviam cocriativamente com os Espíritos da Terra e a Mãe Natureza e, por isso, eram muitíssimo sensíveis às pulsações da Mãe Terra, imersos na presença física de seus ciclos solares e lunares, de forma que os ritmos e pulsações dela eram venerados por todos.

SANDALFON é quem cuida deste chacra.

8 – O Coração Universal

O oitavo chacra, com sua bela cor prateada, situa-se logo acima do chacra da coroa, e seu estado vibratório conecta o indivíduo à noção do amor universal, de que todos os seres vivos, no planeta inteiro, estão interconectados e em harmonia dentro do Universo.

Na Terra, este Chacra foi recentemente despertado em muitas pessoas, sobretudo em consequência da crescente atenção e preocupação dedicada à natureza inconstante da ecologia de nosso planeta e à transferência de poder de nossas instituições. Este Chacra é o meio pelo qual a alma desperta o corpo mental da pessoa, iluminando a convicção quanto ao fato de que "aquilo que é em cima também é embaixo", de modo que o discernimento espiritual aconteça no plano terrestre. A objetividade desperta, provocando o abandono de crenças condicionantes que já não constituem realidades atuantes dentro do contexto de levar uma vida de seres espirituais em uma jornada humana.

Ainda, é pelo CORAÇÃO UNIVERSAL que recebemos mensagens oraculares dos reinos espirituais, as quais são transmitidas aos sete chacras pessoais dos corpos físico, emocional e mental.

Os atlantes ritualizavam sua conexão com as comunidades universais e terrestres por meio deste Chacra, pois ele era o vetor de força que os levava constantemente à convicção de seu amor não local.

URIEL é o quem cuida deste Chacra.

7 – O Chacra da Coroa

O violeta deste portal representa o zênite dos sete chacras pessoais. Por este centro energético, a "energia do corpo de luz" flui para os Chacras transpessoais, do oitavo ao 12º, assim unindo a natureza de nossa forma humana tridimensional aos reinos superiores do espírito.

O chacra da coroa localiza-se alguns centímetros acima do topo da cabeça e está associado à glândula pineal. Este Chacra permite que a luz da Fonte seja vertida na membrana física do indivíduo e promove a conexão com a mente superconsciente, o eu superior, a consciência cósmica de Deus.

MIGUEL é quem cuida deste Chacra.

6 – O Chacra da Fronte

O caráter índigo deste portal está associado à glândula pituitária e é considerado o "olho que tudo vê" do aspecto intuitivo de nossa consciência. Esse olho de sabedoria examina a visão da consciência transcendente e desperta como intuição ou clarividência. Por meio desse "olho", nós desenvolvemos a capacidade de ver através da forma e identificar os padrões energéticos subjacentes do corpo sutil do universo.

RAZIEL é quem cuida deste Chacra.

5 – O Chacra Laríngeo

O portal azul deste chacra está associado à expressão, à comunicação e à glândula tireoide. Este é o centro de sua criatividade superior e, portanto, cria uma transição entre sua vontade pessoal e a fé espiritual superior.

GABRIEL é quem cuida deste chacra.

4 – O Chacra Cardíaco

Este Chacra verde atua na seara do amor incondicional, da empatia, da autenticidade e da compaixão. Ele está vinculado ao movimento entre a percepção não física e física do eu, e guarda relação com a glândula Timo.
RAFAEL é quem cuida deste Chacra.

3 – O Chacra do Plexo Solar

O raio amarelo deste chacra é a sede das emoções e da força de vontade. Ele está associado às glândulas suprarrenais e aos impulsos de luta ou fuga, atração ou repulsão, contração e expansão, que são todos provocados por estímulos externos.
JOFIEL é quem cuida deste Chacra.

2 – O Chacra Sacro

O raio alaranjado do portal deste chacra está relacionado com a questão da polaridade, do *yin* e do *yang* no processo dos relacionamentos. Ele nos ajuda em nossa conexão e relacionamento com outros seres e com o mundo mediante caminhos criativos. Essa energia está associada aos órgãos e glândulas sexuais.
ZAFKIEL é quem cuida deste Chacra.

1 – O Chacra da Base ou Chacra Raiz

O vermelho deste Chacra constitui a raiz do corpo físico em três dimensões. Ele concentra nossa vida terrena e lida com questões associadas à sobrevivência, à resistência e ao aterramento, manutenção e nutrição da força vital. Também está associado aos órgãos e glândulas sexuais.
HANAEL é quem cuida deste Chacra.

Os 12 Chacras são os biocomputadores ou as bases de dados do campo energético da forma humana e, portanto, contribuem para o fluxo conjunto de energia de nossos quatro corpos – físico, emocional, mental e espiritual.

Os chacras são centros de força de caráter espiritual que vibram em uma frequência luminosa visível àqueles dotados da capacidade de elevar sua frequência a fim de perceber a qualidade da luz que afeta a densidade do corpo físico.

Por exemplo, no caso do oitavo chacra, que, quando aberto, engendra uma chuva de luz dentro do escudo etérico e pode ser visto como um halo em redor de certos seres. Observe as grandes pinturas renascentistas ou as fotografias da aura e você notará uma chuva de luz branca, prateada ou colorida é claramente visível como a presença divina em cada ser.

O Corpo Celular

Perto do fim da civilização atlante, grande parte da força interestelar que se comunicava com o povo das 12 denominações começou a desconectar suas formas sutis de integração com a vida atlante. Isso foi largamente testemunhado na força cristalina usada para gerar energia para as comunidades. À medida que essa força diminuía, a percepção dos cinco chacras transpessoais começou a desvanecer, salvo em determinadas situações, quando os Sacerdotes Iniciados, enquanto seres altamente evoluídos, levavam suas práticas de estados alterados de consciência para encraves especiais de sabedoria, tais como os Templos egípcios antigos, os Templos essênios ou maias.

Quando isso ocorreu, o corpo de luz de cada ser humano começou a se contrair e, por consequência, toda a natureza da força molecular de cada pessoa foi alterada. O resultado foi que a notável sensibilidade do povo atlante, bem como seus poderes telecinéticos, começou a diminuir – a susceptibilidade à clarissenciência, à telepatia e à intuição literalmente desapareceu.

Dentro da força luminosa do corpo celular atlante, cada molécula participava da formação de um DNA de 12 hélices e, em cada hélice, havia milhares e milhares de genes. Tais genes formulavam códigos que determinavam a natureza de cada pessoa e, à medida que o corpo de luz de cada uma delas foi diminuindo, também a estrutura de seu DNA diminuiu – chegando ao DNA de dupla-hélice que temos hoje. No entanto, durante a Idade de Ouro da Atlântida, os seres humanos apresentavam 64 combinações de carbono, nitrogênio, oxigênio e hidrogênio – os tijolos da criação – ao passo que, atualmente, existem apenas 20 combinações.

Nosso trabalho com os Anjos da Atlântida é reativar os 44 códigos remanescentes, libertar nossa consciência das limitações de seu estado atual e partilhar da alegria celestial que é nosso direito divino. Pois, ao curarmos nosso corpo físico, criamos poderosos vetores de força que abrem nosso corpo espiritual. Desse modo, a dor da perda, do isolamento e da separação começa a desaparecer e nós voltamos a uma crença absoluta na Fonte – aquele espaço de possibilidades que se abrem ao infinito, um espaço repleto de amor e alegria. À medida que avançamos no sentido de trazer o céu para a terra, os desafios temporais do mundo visível vão literalmente desaparecendo, e nós regressamos a um estado de bem-aventurança.

É curioso notar que 44 é o número mestre que inaugura o ponto de encontro entre os domínios material e espiritual e, portanto, vibra a pureza da Atlântida. Se você somar os dois dígitos do número 44, chegará ao número oito. Se imaginar esse dígito na vertical, verá a figura da força material, ao passo que, se o posicionar na horizontal, ele se tornará o símbolo do infinito – o código secreto da providência divina.

Meditação da Estrela de Oito Pontas

Façamos uso de uma Meditação Sônica da Atlântida, uma meditação que abre o portal da estrela de oito pontas, a essência oculta da conexão atlante entre corpo e espírito. A Estrela de Oito Pontas é um conjunto numérico importante no que diz respeito à estabilidade e ao equilíbrio da Terra e ainda se encontra presente em muitas culturas, tal como nos oito caminhos de Buda, nos oito imortais da tradição chinesa antiga e nas oito notas da oitava musical nas tradições ocidentais – pois os sons da oitava ensinam a bem-aventurança a todos os santos.

O simbolismo do número oito é universal: ele promove equilíbrio, harmonia e ordem cósmica, sendo considerado um símbolo da união dos esforços estelares e humanos para compreender e comunicar a unidade inerente à criação como um todo.

O oitavo planeta mais distante do Sol é NETUNO, que tem um matiz azulado criado principalmente pelo gelo que cobre sua superfície rochosa. Em consequência, Netuno costuma ser considerado um reflexo da superfície do Planeta Azul, do domínio terrestre. Netuno ou Poseidon era o Deus do Mar e era associado, de forma específica, à natureza da Atlântida – cujo nome significa "a terra que emergiu do mar". Assim, o domínio oceânico de Poseidon guarda relações com o corpo emocional e a mente inconsciente da humanidade.

Com o uso dessa meditação, começaremos a fortalecer a natureza do experimento atlante em nosso corpo e atrairemos o espírito à matéria, com uma profunda conexão com o Divino.

1. Vá para seu espaço sagrado, queime incenso, acenda uma vela, coloque música ambiente para tocar a fim de preparar a atmosfera e sustente a intenção de manter a energia do amor à sua volta.
2. Sinta a energia de sua coluna alinhada, quer você esteja sentado no chão com as pernas cruzadas ou em uma cadeira. Sinta-se ancorado(a), com os pés ou o sacro em conexão com o chão.
3. Imagine um raio de luz dourada descendo por sua coluna – esse é seu cordão prânico – atravessando os estratos da crosta terrestre debaixo de você até tocar o núcleo mesmo da Mãe Terra. Em seguida, visualize o raio dourado subindo de volta, atravessando seu corpo e saindo pelo alto de sua cabeça, irradiando e conectando-se com Netuno. Imagine-se passando por Marte, Júpiter, Saturno e Urano, até chegar a Netuno.
4. Descanse por um instante, concentrando-se na sensação dessa poderosa conexão que penetra profundamente em seu campo energético.
5. Então, inspire a energia do Pai Céu, visualizando a luz do *pranayama* espalhar-se por todo o seu ser enquanto você respira profundamente, inundando seu corpo físico de ar. Sinta que você respira na energia azulada de Netuno.
6. Repita o item 5 por oito vezes, alinhando sua própria força com o simbolismo da conexão espírito/corpo da Atlântida.
7. Em seguida, coloque as mãos sobre seu chacra cardíaco e vocalize HAA (com o "h" aspirado) três vezes, emitindo-o pelo

coração, conectando-se com sua própria nota característica específica.

8. Agora, vocalize HEE (com o "h" aspirado) três vezes, a partir do oitavo Chacra – isso atrairá ainda mais energias cósmicas de Netuno para seu ser.
9. Descanse por um instante, sentindo as energias extraordinárias que circulam por você e em seu corpo de luz e comece a criar uma profunda conexão com a natureza da Atlântida.
10. Visualize duas estrelas de um azul profundo, cada qual com oito pontas, cobrindo seu chacra cardíaco, uma na frente, a outra atrás, e veja-as girar no sentido horário enquanto diz RA MA TI MA (o "r" vibrante) três vezes. Depois, TI RA MA RA (o "r" vibrante), três vezes.
11. Esse é um antigo cântico atlante que significa: "Tudo o que é sagrado é abençoado – tudo o que é abençoado é sagrado".
12. Em seguida, faça uma pausa e absorva as poderosas energias que circulam em seu coração à medida que o portal que aninha a união divina entre corpo e espírito, entre o intuitivo e o cognitivo, o material e o celestial.

Este prólogo com características de capítulo remembra claramente informações interessantes e familiares a respeito da vida no continente atlante, mostrando como sua cultura, suas crenças e costumes eram diferentes do que tais aspectos de nossas sociedades atuais. Além disso, ele apresenta um contexto de contrastes sobre modos de existir, revivendo a Atlântida, não em sua totalidade, mas oferecendo um ciclorama de possibilidades com base nessa raça extraordinária e seu estilo de vida.

Os capítulos a seguir foram escritos como uma exposição mais lírica das 12 características essenciais dos 12 Anjos e seus valores arquetípicos, como eles se faziam presentes na vida dos atlantes e de que maneira permeiam nossa vida, nos dias do hoje, com o intuito de nos curar, inspirar, provocar, exercitar, amar e auxiliar de forma geral no tocante à evolução de nossa alma.

Cada capítulo traz exercícios práticos como meditações e orações, somadas a informações básicas sobre a íntima relação dos Anjos com Sacerdotes, Sacerdotisas, Deuses e Deusas atlantes, egípcios, gregos e romanos.

Que você possa sentir a presença dos Anjos santificando sua vida!

"Mensagens inspiradoras são ideias geniais abençoadas"

UM

Anjo Gabriel

Como Mensageiro supremo de Deus, Gabriel traz unção divina diretamente da Fonte – com a doce brisa da graça, com a pureza da pomba da paz, com a bravura que rege o elemento terra, Gabriel acaricia cada um de nossos Chacras com o óleo da força celestial.

    Assim tocados, somos abençoados com o despertar de nosso caminho espiritual, descobrimos que o amor e a compaixão são o único caminho adiante, e nossa iniciação é anunciada em cada alento do Céu. Essa respiração divina envia a essência mesma do Espírito Santo para o mais íntimo de nosso ser. Ela é o canal para o avanço dos Anjos e, quando sopra seu vento poderoso, a essência do "despertar" ilumina nossa estrada.

Daí em diante, nossa percepção é imediatamente alterada e somos mergulhados na plenitude da anunciação, que traz a compreensão divina.

As histórias sobre Gabriel são ricas e variadas, como vemos nas mensagens a Isabel e Maria, no Novo Testamento – elas ilustram a capacidade do Arcanjo Gabriel de anunciar, de estar presente em momentos cruciais, pois ambas as mulheres receberam revelações explícitas sobre sua vocação ao dar à luz filhos que se tornariam seres excepcionais. Como sabemos, esses dois meninos foram João Batista e Jesus, o Messias, que foram, de fato, "grandes aos olhos do Senhor". Desempenhando esse papel sagrado, Gabriel apareceu a Jesus pouco antes de sua hora final, na cruz, para fortalecer a confiança do Filho de Deus com seu auxílio divino, e esse apoio amoroso levou Jesus a "nascer no céu".

De todas as lendas referentes a nascimentos humanos, a Gabriel é atribuída a mais importante. Pois Gabriel é o Anjo que faz a seleção das almas no céu, passando nove meses com a criança em gestação, orientando a nova vida com relação ao que ele ou ela precisará conhecer na Terra, inclusive de que maneira a alma terá de enfrentar certas lições durante a encarnação vindoura, e silenciando a criança apenas antes do nascimento, ao pressionar seu dedo angelical sobre os lábios do bebê, formando assim aquele pequeno sulco debaixo do nariz das pessoas.

Outras tarefas de Gabriel, segundo a tradição, incluem levar o Sagrado Corão a Maomé e interpretar as visões rudimentares de Daniel no Antigo Testamento. Por tal generosidade, Gabriel é tido, nas tradições do Islã, do Judaísmo e do Cristianismo, como aquele que evoca o espírito da verdade e da misericórdia.

A força poderosa de Gabriel ilumina a certeza das mensagens sagradas que recebemos do Divino sempre que somos levados a nos sentir outra vez mais próximos de Deus. Gabriel é o espírito regente do elemento água – a água do sentimento. Pois somos nascidos da água e, quando aceitamos o potencial transcendente de nossa alma, sentimos inevitavelmente um movimento de volta à plenitude por meio das grandes águas do sentimento.

Ao ingressarmos na amplitude e consciência de nossa jornada espiritual, nossa prática nos incentiva a ter maior convicção e, por consequência, nosso reino interior se edifica. Quando nos permitimos sentir ungidos pela santidade do instante, logo nos sentimos tocados pelas mensagens de amor de Gabriel, e nosso corpo transborda de inspiração, alegria e reverência.

As mensagens de Gabriel fluem com generosidade durante este ano de 2011,* pois este é um extraordinário período de unção, em que vivenciamos a probabilidade de um raro alinhamento espiritual, promovido pela luminosidade do oitavo Chacra – a força do Coração Universal. Isso possibilita a visão de nossa interconexão com a essência da cocriatividade, que nos leva a sermos melhores como seres de iluminação, e alinha uma conexão incrivelmente mais intensa com o Divino. Pois, ao desenvolvermos maturidade como espécie, ganhamos força espiritual por meio das muitas mensagens de Gabriel.

É por isso que esse grande Arcanjo é conhecido como "a força de Deus" – a mensagem celestial do espírito de Gabriel apresenta o conteúdo direto do amor de Deus, despertando a alma, ofuscando a vida da pessoa com luminosidade divina e vertendo luz em todas as ações que irradiam criatividade à existência.

Durante a "idade de ouro" da Atlântida, a força de Gabriel era comparada a um grande Oráculo e, em todo o mundo antigo, acreditava-se que oráculos fossem portais pelos quais Deus falava diretamente ao homem. Nesse sentido, eram diferentes da habilidade dos Sacerdotes-Videntes de interpretar os sinais e as metáforas enviadas por Deus.

No centro do grande Templo da Congregação dos Mensageiros da Atlântida havia uma enorme pedra de lápis-lazúli, cercada por cristais de puro quartzo. O lápis-lazúli potencializa a sabedoria oracular e traz em si as energias da verdade, da revelação, da lealdade, da sabedoria, da contemplação e da comunicação e, quando colocados juntos perto do Chacra laríngeo e do Chacra do terceiro olho, esses belos cristais ampliam a força da bênção de Gabriel.

A Congregação dos Mensageiros

Viver na congregação dos Mensageiros era fazer parte de uma coletividade cuja vida estava alinhada com aspectos importantes da comunicação, tanto física como celestial. Embora os atlantes não se utilizassem da tecnologia da informação, nem dos sistemas de telecomunicações que consideramos essenciais hoje em dia, eles faziam uso de seus dons psíquicos e intuitivos e, por telepatia, teletransporte e tele-

*N.E.: Ano da edição original deste livro.

cinese, criavam sua própria realidade específica, como uma ponte entre o humano e o divino, entre o planeta e a galáxia.

Os atlantes acreditavam que a informação viaja pelo éter, através de linhas perenes de força semelhantes àquelas que os Xamãs, os Magos e os Feiticeiros usaram por séculos. Assim como nossos animais terrestres migram seguindo linhas eletromagnéticas de consciência planetária, também os atlantes lançavam mão dessas linhas para enviar informações entre as diversas denominações da Terra ou para detectar transmissões oriundas de outras raças de Seres Cósmicos. Os atlantes estavam sempre verificando a intensidade de seu próprio radar e, nesse aspecto, o planeta Mercúrio desempenhou um papel significativo como gerador original. Por essa razão, Mercúrio era de grande importância para os atlantes.

Estratégia para Conectar-se com Gabriel

A fim de atrair Gabriel e a sabedoria oracular da Atlântida para sua vida, sentir a mensagem desta poderosa força fluindo por seu corpo inteiro, ouvir o sussurro da sabedoria angélica a cada instante sagrado, faça perguntas diretamente para seu eu superior – a parte de você que atua como o MENSAGEIRO, como um nobre comunicador.

Fale ao escriba espiritual oculto na Devoção de sua alma, converse com a voz de seu amor, abra o coração à generosidade de sua sabedoria e, quando as respostas aparecerem, o elixir espiritual de Gabriel terá oportunidade de se expressar. Pois a voz de Gabriel sempre falará diretamente a você e, quando isso acontecer, uma tranquilidade amorosa inundará seu ser e sua vida jamais voltará a ser a mesma.

Pergunte-se:

1. Tenho uma visão clara do amor e da alegria em minha vida?
2. Tenho plena convicção da glória de minha alma?
3. Posso criar ainda mais amor e paz no mundo?
4. Sou realmente compassivo(a) comigo mesmo(a)?
5. Minha conduta para com outras pessoas é cheia de bondade benigna?
6. Minha percepção do eu está aberta a receber mensagens divinas?
7. A misericórdia tem lugar no modo como meu coração se expressa?

8. A criatividade de minha vida é comunicada ao mundo em plenitude?
9. Vivo a possibilidade da "ressurreição" a cada instante?
10. Estou aberto a me comunicar com todo e qualquer aspecto de minha alma?
11. Minha vida está aberta a ser um oráculo em si mesma?
12. Tenho mensagens que tragam verdade fundamental?

Pondere sobre tais questões, venere Gabriel e peça a essa força divina que fale diretamente com você. Fique atento aos acordes de informações sagradas, confie em sua intuição e você receberá transmissões desse grande Mensageiro, na forma de respostas às suas perguntas mais sinceras, ou, na realidade, a qualquer pergunta que você proponha à inteligência de sua alma, assim como os atlantes recebiam de Mercúrio.

Thoth – Sacerdote-Cientista do Atla

Na Atlântida, Gabriel auxiliava especificamente um dos 12 grandes Sacerdotes-Cientistas do Atla, que atendia pelo nome de Thoth ou Tehuti, dentre outros. Por ocasião da queda da Atlântida, que acabou por afundar rumo a seu túmulo nas águas, Thoth levou a congregação dos MENSAGEIROS (os oradores, professores e escribas mágicos) ao Egito, enquanto a "diáspora" das outras denominações a levou para outras partes do Globo reconstituído.

O Grande Thoth era conhecido como o "Senhor das Palavras Santas" ou "o Grande Escriba Mensageiro dos Deuses". De fato, antigos registros atlantes sugerem que Thoth auxiliou na criação do mundo pelo som de sua voz apenas, e a ele atribui-se a invenção dos números e dos caracteres hieroglíficos. Não há dúvidas de que Thoth era um comunicador especial para Deus.

Assim como o grande Templo dos Mensageiros, em honra a Thoth, era cravejado de lápis-lazúli, também o templo egípcio de Hermópolis Magna era revestido da mesma pedra. Ali, Gabriel assistia os Adeptos de Thoth. Cada um desses Adeptos ensinava o sistema atlante de magia, que sustentava os elementos da criação, estabilizados principalmente pela arte da Alquimia. O Templo localizava-se em um espaço consagrado, no qual o deus-sol Rá primeiro se fizera visível e os raios da Luz única derramaram-se sobre a escuridão primordial.

A biblioteca do templo era enorme e os livros sagrados (em forma etérea e material) que tratavam de magia ficavam guardados em segurança em sua galeria subterrânea. Parte do conhecimento que era assim armazenado acabou por ser traduzida, ao longo do período do Egito helênico, graças aos esforços de HERMES TRISMEGISTO (o três vezes grande sacerdote, filósofo e rei), e sua excelente obra ficou conhecida como a *Tábua de Esmeralda* ou o *Caibalion*. Embora muitos livros tenham sido escondidos e mantidos em segredo, apenas os eruditos gregos seguidores de Thoth ou Hermes traduziram os poucos que, anos mais tarde, tiveram enorme influência na formação da consciência de filósofos gregos como Pitágoras (569 - 470 a.C.) e o grande Merlin – uma encarnação posterior de Thoth.

Quando absorvemos a sabedoria e a magia prática da presença de Gabriel, características de Thoth/Hermes e Mercúrio (Mercúrio era o correspondente romano de Hermes) florescem em nós e falam através dos *éons* do tempo. Elas surgem, como que num passe de mágica, das antigas mensagens codificadas da biblioteca atlante, pois tais idiossincrasias fornecem poderosos valores arquetípicos para iluminar, curar, enriquecer e emancipar nossa vida.

Não se engane: essas ferramentas valiosas podem literalmente enriquecer sua vida com muito mais vitalidade e são obtidas tão somente a partir do dínamo espiritual de sua alma. Veja, esses valores arquetípicos são chaves literais para adentrar na consciência de seu DNA.

Os valores arquetípicos dos MENSAGEIROS para você podem ser vistos da seguinte maneira:

1. A capacidade de comunicar-se com eficiência e persuasão;
2. Uma atitude sempre positiva para a facilitação amigável;
3. Alegre potencial para a espontaneidade;
4. Grande desenvoltura em relações públicas;
5. Obtenção de aprovação da orientação interior para facilitar a vida;
6. A habilidade de ser compassivo e naturalmente sensato(a);
7. A arte de contrabalançar os desafios da vida;
8. A capacidade de receber os dons da vida como bênçãos;
9. A graça de manter-se como uma testemunha inspirada;
10. A tendência de interessar-se por conhecimentos inovadores;

11. Curiosidade pela nobre aventura da vida;
12. A percepção de que toda a vida é movida pela magia da Vontade Divina.

Gabriel tem o potencial inato de literalmente guiar a alma de cada pessoa a seu significado e sua mensagem. Portanto, aquele que é tocado pela presença desse Anjo é inspirado a concentrar-se na alma, buscando acesso a verdades espirituais sem ter medo de aventurar-se nas profundezas da escuridão que, por vezes, pode enredar a alma.

Gabriel como Hermes

Hermes nos conduz de um reino a outro com seu Caduceu – uma vara coroada de asas e volteada por duas serpentes em representação da equação binária da vida na Terra – que simboliza os princípios Masculino e Feminino entrelaçados, ou as espirais conjuntas de nosso DNA. A vara, como símbolo do Psicopompo, ajudava Hermes a acompanhar as almas dos mortos ao submundo, porque Hermes sempre levava a luz da Fonte consigo, para iluminar a escuridão, quando tudo o mais se tornava confuso por causa das trevas.

Por exemplo, no caso de Perséfone, Hermes acompanhou-a do reino sombrio, para onde fora arrebatada, de volta a sua mãe, Deméter. Do mesmo modo, Hermes protegeu Odisseu [ou Ulisses] da feiticeira Circe – que se regalava com magia negra, transformando homens em porcos – propiciando discernimento e proteção a Odisseu contra o poder da Feiticeira.

Gabriel, como Hermes, busca guiar o indivíduo com a magia da ação amorosa, abrindo ao significado e integração dos reinos espirituais aqueles que estão dispostos a receber tais dons. Como Mensageiro, Gabriel, à semelhança de Thoth, lança mão da alquimia para transmutar o reino da terra e seu ego, bem como o inconsciente coletivo, ou submundo, na magia do puro espírito.

Gabriel como Curador

Em meu trabalho como Alquimista Vocal, costumo sentir a presença redentora de Gabriel quando, como Hermes, na qualidade de Espírito Mercúrio, ouço as histórias de clientes que falam de sua infância repleta de abusos, ou ao resgatar uma vida interior confusa por causa da depressão, ou ao ouvir sobre a perseverança de um indivíduo que permaneceu firme quando se perdeu no deserto do submundo.

Pois invocamos a força de Gabriel sempre que precisamos realmente de auxílio e estamos dispostos a nos aventurar em um novo domínio. Nesse caso, recebemos a graça de Gabriel para assumir uma atitude de cura valente, de paciente inteligência emocional, de questionamento positivo, exploração benigna e curiosidade maravilhada.

Quando isso acontece, empregamos, de forma ativa, a sabedoria e a magia do grande Thoth, transmutando o negativo em positivo, a perda em ganho, a culpa em inocência, o ódio em amor e a doença em conforto. À invocação desse Mensageiro arquetípico, alteramos a paisagem de nossa consciência, irradiamos poder sobrenatural, expandimos a longitude e a latitude de nossa alma – pois o Anjo Gabriel é uma centelha do amor de Deus desejosa de que vivenciemos esse grau de êxtase na criação cósmica.

O esplendor arquetípico de Gabriel torna a espontaneidade da vida uma opção sem igual entre nós e as pessoas que encontramos, os lugares que visitamos, as informações que recebemos e as tarefas que enfrentamos. Nesse contexto, fazem parte da magia de Gabriel acontecimentos novos e inusitados, que tendem a ocorrer mediante a fórmula mágica da sincronicidade – aqueles acontecimentos que parecem coincidências, mas acabam por se mostrar infalivelmente significativos. Tais experiências revelam-se milagres gloriosos, plenos de uma misteriosa magia.

Vivendo dessa maneira, se alimentamos um desejo de fazer uma viagem de férias ou sair para um passeio com clima de aventura, deixamos que o dia siga em sua própria fecundidade, moldando-se por si mesmo. É então que Gabriel costuma estar conosco, dentro de nós, como parte de nós – amando-nos e infundindo-nos com o elixir da unção divina dos Anjos da Atlântida.

Quando assim celebramos a natureza de Gabriel em nosso íntimo, quando falamos ou cantamos com eloquência e absoluta alegria, nós aumentamos o entusiasmo da autoconfiança sem um roteiro planejado, respondemos à vida ao nos expressarmos com inteira autenticidade, vivemos uma existência leve, com a candura e a inspiração que ressoam do mais íntimo de nossa alma. É então que surge extraordinário encantamento e generosa audácia, eletrizando nossas comunicações; é quando liberamos nosso espírito para ser um Mensageiro do Divino.

Uma História sobre o Anjo Gabriel

Roberto, um talentosíssimo especialista em TI, era um de meus clientes alguns anos atrás. Assim que nos conhecemos, na primeira consulta, ficou claro que havia muitos motivos para nosso encontro, em especial o fato de que Roberto vinha sofrendo de um estado agudo de "disfonia" (dificuldade para falar), sobretudo depois de passar muitas horas concentrado em seu trabalho na frente da tela do computador.

Verdade seja dita, Roberto confessou que passava muito mais tempo em casa, com a tecnologia da ciência da computação, do que estabelecendo relações harmoniosas com outros seres humanos, principalmente aqueles pertencentes ao que ele se referia como "sexo frágil".

Vi o belo matiz azulado de Gabriel em torno de Roberto e, com sensibilidade, ouvi seu apelo sincero no sentido de libertar-se da insegurança, bem como seu desejo frustrado de encontrar uma companheira. Então, nós criamos uma estratégia para transformar a solidão e a tristeza por meio da Alquimia. Depois disso, expliquei a Roberto alguns aspectos relacionados a emissões eletromagnéticas de grandes máquinas e como as pulsações da frequência elétrica podem desarranjar a bioquímica sutil da forma humana. Recomendei alguns escudos orgânicos que ele poderia usar, mais a intensa energia de sustentação de cristais com o quartzo.

Esses cristais convertem as ondas de eletricidade que podem estar em desarmonia com o campo elétrico do corpo. Aliás, outra alternativa é ter um cacto ou vários deles perto de seu computador, visto que os cactos se alimentam de emissões eletromagnéticas.

Em seguida, apresentei a Roberto um regime de exercícios respiratórios e vocais que geralmente promovem o imediato desaparecimento do tipo de síndrome que o acometia. Em regra, quando estamos muito concentrados diante da tela do computador, nós nos esquecemos de respirar ou fazemos apenas respirações curtas e rasas, com inspirações fracas. Isso fecha a garganta, a raiz da língua e o maxilar, de modo que, quando queremos nos expressar vocalmente, somos surpreendidos pela tensão aguda da garganta e, por consequência, do som. Quando isso acontece, é comum que as pessoas me digam que não sentem sua essência, sua *persona* ou a alma do som, o que pode ser muitíssimo desalentador. *Você já se sentiu assim?*

Roberto saiu da consulta sentindo-se animado, sereno e bastante consciente do que precisava fazer e ser. No entanto, uma coisa estranha aconteceu. Quando ele chegou a sua casa, descobriu algo que simplesmente não esperava – todos os seus computadores estavam apresentando problemas e ele teria muito trabalho pela frente para corrigir a situação. No meio desse processo, ele me ligou e expressou toda a sua frustração.

Como Roberto estava disposto a pedir aos Anjos uma solução positiva para sua crise, recomendei aquela oportunidade como perfeita para pedir auxílio ao Anjo Gabriel, sobretudo porque Gabriel rege o chacra laríngeo dos seres humanos. Roberto concordou, pois sempre havia sentido uma forte ligação com Gabriel por meio das principais histórias do anjo e, assim, criei uma oração e orientei Roberto a recitá-la nove vezes no decorrer do dia. Nove é o número do destino de Gabriel e o número da consumação.

A oração é a seguinte:

Uma Oração para o Anjo Gabriel

Ó, Arcanjo Gabriel,
   Por favor, envolva-me com tuas asas de amor e luz celestial.
   Por favor, mantenha-me no raio do Poder de seus Mensageiros sem igual.
   Peço tua amorosa orientação, ó grandioso, para que meus processos de comunicação, pessoais ou eletrônicos, sejam realinhados, desobstruídos e libertados.
   Submeto minha vontade ao teu poder a fim de mudar qualquer coisa que não promova clareza, amor e luz em minha natureza essencial.
   Ó, adorado Gabriel, por favor, concede-me tua orientação e conselho divinos, para que eu possa encontrar a expressão de minha companheira de vida e me sinta capaz de expressar o desejo de meu coração.
   Que assim seja.
   Amém.

Quarenta e oito horas depois de começar a recitar essa oração, ou seja, depois de recitá-la em 18 momentos, todo o equipamento computacional de Roberto estava consertado e funcionando consideravelmente melhor que antes. Dois ciclos de nove sugerem 18 momentos de oração (1+8=9).

Por meio dessa experiência, Gabriel desencadeou a atuação de energias divinas naquela situação e criou um campo de força da intenção do MENSAGEIRO. Assim como o aparecimento dos extraordinários fenômenos dos círculos em plantações, forças poderosas, embora invisíveis em sua maioria, criam vetores de bondade e de amor que promovem mudanças em coisas inanimadas e animadas.

Uma Afirmação Diária para Atrair a Força de Gabriel

Que eu seja fiel à minha mensagem
Que eu tenha clareza em minha alma
Que eu seja eloquente em meu amor
Que eu viva com serenidade

Meditação para Tornar-se Um com a Presença de Gabriel

1. Encontre um espaço sagrado para você, seja em contato com a natureza, um espaço consagrado ou seu próprio quarto de meditação;
2. Acenda uma vela, queime mirra (o perfume de Gabriel) e coloque música ambiente suave para tocar, apenas para purificar o espaço com a energia da vigilância;
3. Sinta a coluna alinhada, quer você esteja sentado(a) ou deitado(a) – respire profundamente três vezes, a respiração prânica da PAZ e, então, fique imóvel, formando um *mudra* pela união da ponta do polegar com a ponta do indicador;
4. Sinta todo o seu ser se abrir, vigilante, à espera da carícia de Gabriel – você pode até mesmo segurar uma pedrinha de lápis-lazúli ou colocá-la sobre o chacra cardíaco ou laríngeo;
5. Perceba a tranquilidade desse espaço – isso significa que você está mergulhando no grande campo da alma da Fonte;

6. Respire profundamente e entoe o som do anúncio de Gabriel, EEM, pelo chacra cardíaco, sete vezes;
7. Descanse – então, observe o ar cintilante à sua volta e visualize uma bela bola de Luz Azul (o tom do lápis-lazúli) uns dois metros à sua frente. Note, também, um raio de energia branca disparando de seu chacra cardíaco, irradiando diretamente à frente e, por fim, refratando sua carga de amor na Luz Azul de Gabriel. Mais uma vez, descanse e ouça os sussurros oraculares da presença mágica de Gabriel, sussurros que são repletos de bênção, graça e inspiração. Você sentirá a luz celestial das energias dos reinos arcangélicos de sétima dimensão equilibrando e curando sua vida.

Namastê

"A coragem é o modo de resplandecer bravamente pelo amor"

DOIS

Anjo Hanael

Na antiga tradição, atribui-se a Hanael o feito místico de conduzir aos Céus o Profeta Enoch, que, mais tarde, tornou-se Metatron. Por esse e muitos outros atos de extrema coragem, Hanael é chamado o flamejante Guerreiro Sagrado e, como tal, é dotado de uma força vermelho-rubi insuflada na criação pelo planeta Marte. E esse é um atributo adequado, pois Marte é o planeta vermelho de nosso firmamento celeste e, na vida humana, representa as virtudes marciais da coragem, da bravura, da audácia e da invencibilidade.

É sobretudo o Anjo Hanael que defende diretamente a energia do núcleo da Fonte e, enquanto poder arquetípico, inspira força, persistência, constância, propósito e força de vontade como agentes de mudança, tanto em nossa vida como na vida do planeta. Portanto, Hanael estimula nossos músculos espirituais a estar em sua melhor condição, pois, não se engane, vivemos em uma academia planetária para a alma, em especial agora que somos chamados a um ponto instável de retribuição divina durante o Solstício de Inverno de 2012.

Para esse propósito específico, Hanael anuncia um senso de direção, cultivando a amizade, a integridade e a esperança, pois essas são as principais virtudes desse guerreiro sagrado que exala paz em cada respiração.

Hanael significa a "glória do divino" e, assim, este Anjo nos inspira a cumprir a missão de nossa alma, atraindo-nos às virtudes da honra, da fé, da confiança e do amor. Em consequência disso, uma dispensação especial fortalece nossa conexão com o Divino, e um escudo de humildade, usado por Hanael, protege nosso coração sublime. Da mesma forma, o coração amoroso de Hanael revela que o coração humano é a sede da alma, ensinando-nos que, ao abrirmos o coração, devemos proteger nossa vulnerabilidade com um escudo de humildade.

Quando se olha para o belo ícone que inicia este capítulo, é possível sentir o raio rubi de Hanael, repleto de perseverança e de força cristalinas, instigando-nos a alcançar objetivos especiais. Pois o principal objetivo de Hanael é cuidar que o principal seja fazer com que o principal continue sendo o principal – uma ideia que permite que nos concentremos em nosso caminho devocional quando tudo o mais parece desabar. Para potencializar isso, a força de Hanael intensifica o raio vermelho do Chacra da Base, a partir do qual expressamos nossa identidade essencial no mundo.

A energia desse Chacra simboliza nossa noção de identidade individualizada no plano terreno, levando-nos à força da determinação que possibilita uma elucidação da jornada de nossa alma, de modo que possamos abandonar a ideia de "separação" de volta à Fonte. Assim, o raio rubi de Hanael nos dá a energia necessária para identificarmos e vencermos desafios e separações, de modo a cumprir nosso *Dharma* – abandonando toda a ilusão e o carma, o que é um dos aspectos da Iluminação.

O rubi é a gema mais preciosa de Hanael, pois evoca a paixão e o poder da vida. Por isso, o grande Sacerdote Atla SET usava o Rubi como joia sobre o corpo, para facilitar a instilação de paixão, coragem, perseverança, vitalidade e liderança em seu ser. Em sânscrito, a palavra para rubi significa "rei das joias preciosas".

Assim como contemplamos os brilhantes raios vermelhos do sol poente – "o entardecer de céu vermelho é a alegria do guerreiro" – podemos ver o céu imensurável estendendo-se ao infinito, que representa a imortalidade; estendendo-se, por assim dizer, pela vastidão da liberdade de nossa alma. Pois a liberdade é sempre nossa, isto é, quando paramos de reduzir nossos horizontes ensolarados com as limitações do medo, do desespero e da tristeza. Essa libertação é eternamente nossa quando encontramos nossa nobreza espiritual mediante a soberania que reivindica o eterno como a única realidade. Pois as ações nobres são as páginas mais radiantes da biografia da jornada de nossa alma.

Estas são perguntas que o ajudarão a atrair a energia de Hanael para sua vida, para que você sinta a força do esplendor deste Anjo como se fosse sua, infundindo a força rubi profundamente em todo o seu corpo e sua presença:

1. Em que situações de minha vida eu não me sinto confiante e inabalável?
2. Que atitudes de outras pessoas fazem com que eu me sinta mais vulnerável?
3. Quando me sinto inseguro(a) e por que isso acontece?
4. De que aspectos eu preciso abrir mão quando sinto medo?
5. Tenho dificuldade para me concentrar em realizar o sonho de minha vida?
6. Onde a coragem e a determinação residem em meu corpo?
7. O que penso de agir sem defesas diante de uma agressão?
8. Como posso me tornar o(a) Condutor(a) de minha alma?
9. Existem habilidades que eu poderia aprender para aumentar minha perseverança?
10. Libero negatividade de meu ser, como raiva defensiva, por exemplo?
11. Tenho reações ou respostas diante dos desafios da vida?
12. Existem situações em minha vida que sufocam meu entusiasmo? Como posso resolvê-las?

Essas perguntas (e outras semelhantes) o levarão a avaliar o conteúdo de sua alma, o que, por si só, permitirá que você devolva ideias falsas e ilusões à Fonte, por meio do poder e da orientação de Hanael. Essa é a principal razão de os Anjos virem a nós neste momento de evolução espiritual, pois eles desejam nos sustentar com um amor inabalável, enquanto procuramos pela verdade, e o fazem ao curar nossas feridas.

Por ser um guerreiro sagrado, Hanael faz cessar todo o menosprezo que você possa sentir por si mesmo(a), por sua vida, por outros seres humanos, por situações ou lugares, por quaisquer das miríades de formas que não lhe permitem exultar no divino que habita o íntimo de seu ser. Se você sente que precisa de ajuda para resolver quaisquer desses desafios, por favor, procure alguém em quem você possa confiar. Pode ser um terapeuta ou mentor que tenha o fervor do guerreiro e consiga lhe oferecer estratégias inteligentes para penetrar esse cancro em seu corpo emocional. Quando esse processo estiver terminado, você irradiará o verdadeiro poder do guerreiro arquetípico que vive em seu interior: resplandecente, glorioso e absolutamente autêntico.

Set: O Sacerdote Atla

Durante a existência da Atlântida, o Sacerdote Atla SET governava a congreção dos Guerreiros Pacíficos, orientando e instruindo as energias de desarmonia de modo a transformá-las em harmonia e, assim, alinhar as energias ainda indômitas da natureza humana e que produziam medo.

Curiosamente, Set também tinha por responsabilidade controlar as condições climáticas da Atlântida, de modo que momentos de tempestade pudessem ser convertidos em tempo tranquilo e ensolarado. De fato, foi o Sacerdote Set quem inspirou a criação de uma gigantesca biosfera sobre todo o continente da Atlântida. Esse plano de força em formato de redoma depurava o clima do continente, permitindo a existência de uma atmosfera edificante que sustentasse um nível de aprimoramento espiritual com vibração em uma oitava elevada. Se a energia biológica não estivesse em harmonia com essa força, ela era imediatamente transmutada e, assim, o povo atlante desenvolveu um poder enorme em sua tecnologia espiritual de manifestar o Divino em forma humana.

Esse processo evolutivo deu ensejo ao desenvolvimento de novas formas-pensamento, novas crenças, relacionamentos e padrões de comportamento e, com cada uma dessas forças, emergiu o potencial de ocasionar tanto o caos como a ordem. Com relação a isso, o Sumo Sacerdote Set ensinava a natureza criativa do conflito e como energias de tensão e agitação podem ser sempre deixadas aos seguros cuidados do Divino. Os rituais que ele fundou baseavam-na na purificação da energia conflituosa de Marte.

Set dava particular atenção ao desenvolvimento da aptidão física, destacando essa capacidade como um veículo para a espontaneidade da ação criativa. Após milhares de anos inculcando a prática de ações nobres na congregação do Guerreiro Sagrado, nos momentos finais da civilização atlante, Set levou a Congregação dos Guerreiros para o Japão. Lá, ele fundou uma nação de guerreiros sagrados, que viemos a conhecer como os famosos Samurais. Desde seu surgimento, os Samurais viveram o caminho do guerreiro como um caminho de honra, priorizando o dever, a obediência, a coragem, a bravura e a lealdade como disciplinas fundamentais de vida.

Mais tarde, na civilização grega, Set assumiu a forma de Ares e, em Roma, de Marte. Ares era o Deus grego da Guerra, ao passo que Marte era o Deus romano da Proteção. Os romanos consideravam Marte o pai de Rômulo e Remo, os gêmeos que fundaram a grande cidade de Roma. Já nos contos da Grécia, Ares apaixonou-se por Afrodite, a Deusa do Amor, com quem teve três filhos – dois garotos, Deimos (Medo) e Fobos (Pânico), e uma menina, Harmonia, que representava essa virtude.

O Arquétipo do Guerreiro na Natureza Humana

Conectar-se com o arquétipo do guerreiro por meio da inspiração de Hanael significa começar a incorporar as características que podem fortalecer nossa caminhada espiritual com excelência e pureza. Incorporar a energia de Hanael faz com que nos tornemos confiantes, impulsivos, ativos, intensamente emocionais e ativos no que diz respeito à movimentação de nosso corpo. Processar a sagrada criatividade da ordem angélica dessa maneira significa que exorcizamos o complexo sinistro de um Deus da Guerra que colhe traços comportamentais negativos. Tornar-se o lado sombrio da força do guerreiro é tornar-se extremamente impulsivo(a), predisposto(a) a reações furiosas, um(a) conquistador(a) ou explorador(a) de opiniões – cultivando interesse tão somente por aquilo que faz inflar o próprio ego. Por outro lado, as opções do aspecto luminoso do guerreiro nos levam a uma bravura que sustenta nossa caminhada espiritual com uma verdade valorosa e inflexível.

Os rubis são a gema mais preciosa de Hanael, visto que essa joia evoca a paixão e o poder da vida. O Rubi era usado para decorar as vestes do grande Sacerdote Atla Set, a fim de ajudar a incutir-lhe entusiasmo, coragem, perseverança, vitalidade e liderança. Em sânscrito, a palavra para rubi significa "rei das joias preciosas".

Os valores positivos do GUERREIRO podem ser vistos como:

1. A habilidade de direcionar e produzir ideias em qualquer situação, sobretudo quando se é testado(a);
2. Uma propensão inspirada de responder aos desafios como oportunidades de crescimento;
3. Uma estima alegre pelo dom da espontaneidade;
4. Destreza na resolução de problemas a partir de uma perspectiva emocional, transmutando, portanto, toda a negatividade e, ao mesmo tempo, mantendo o máximo respeito pela glória da inteligência emocional;
5. Uma atitude saudável para com a energia da descontração, do conforto e do fluxo;
6. A capacidade de manter-se verdadeiro e leal a uma pessoa, uma organização ou um valor de excelência;
7. A arte de querer que ocorram mudanças;
8. A habilidade de ver a vida como uma aventura cheia de alegria;
9. A qualidade da flexibilidade mental e emocional em toda e qualquer situação criativa;
10. A capacidade de ser próximo(a) e amoroso(a) em todas as situações, sem se preocupar;

11. Acreditar no valor prático da força de vontade como principal determinante de sucesso na vida como projeto de amor e verdade;
12. Perceber que a totalidade da vida é movida pela magia da Vontade Divina.

As antigas tradições sobre Ares mostram o aspecto sinistro do Guerreiro. Por exemplo, na *Ilíada,* de Homero, ele é visto como sanguinário, desprezível, vingativo, além de um mentiroso lamuriento. Ares é considerado um deus irascível e rabugento, que está sempre sendo humilhado pela irmã, Atena. Ele é descrito como uma divindade que não sabe o que é o certo e que está constantemente reagindo de forma exagerada, mediante comportamentos emocionais irracionais, um ser de sentimentos excessivos e irrefreáveis, motivado tão somente pela retaliação e o despeito.

Há uma narrativa em que Atena leva Diomedes a ferir Ares com uma lança, e Ares revida, queixando-se a Zeus, mas o grande Deus Rei apenas o rejeita e humilha ainda mais, sugerindo que Ares é o deus mais odiado do Monte Olimpo.

Tais narrativas são um tanto negativas e podem ter surgido por causa do envolvimento de Ares na catástrofe do fim da Atlântida. Curiosamente, os Anjos se recusam a revelar que Sacerdotes-Cientistas tiveram envolvimento direto naquele ato de violência, insinuando que, quando nomes são revelados, sua presença é evocada e, como ainda há muito carma atlante que expiar, os Anjos preferem não tocar no tema.

Cada membro do Sacerdócio de Atla carregava 12 nomes, que consistiam em camadas de vibração que revelavam diferentes características de seu caráter humano, até chegar a sua Divindade. Todos os 144 nomes estão registrados no Cristal Ametista que ficava no grande Templo de Poseidon e, quando tais informações puderem ser reveladas, nós saberemos a quem eram atribuídos, bem como seu significado.

Passemos à vibração única de Hanael:

Uma História sobre o Anjo Hanael

Henry era um experiente intermediador financeiro e diretor de fundos de investimento livre, que se tornou meu cliente ao começar a sofrer de uma úlcera duodenal. Os sintomas eram azia intensa, dores persistentes no estômago, sensação de queimação na garganta e esgotamento total, o que levava a uma perda significativa de energia e um sentimento debilitante de desorientação.

O estado de Henry era muito sério e, por isso, ele e eu trabalhamos em conjunto com seus médicos alopáticos, que lhe prescreviam medicamentos contra acidez e, como o problema de Henry era grave, ele decidiu tomar religiosamente os remédios receitados pelos médicos. Sugeri longos processos de relaxamento que incluíssem respiração profunda e trabalho sonoro para aliviar os sintomas e liberar a tensão associada, e que Henry desse início a uma jornada para compreender a causa da enfermidade.

Henry acreditava que sua fisiologia debilitada havia começado a sofrer quando ele estava na Real Academia Militar de Sandhurst, onde recebera treinamento para tornar-se militar, papel que foi intensificado com o tempo que passou no Afeganistão. O período de serviço ativo o levara à depressão e, por isso, Henry se havia exonerado do Exército, sentindo-se atraído pela paz em vez de viver em meio aos constantes horrores que havia vivenciado durante combate ativo.

O fato é que o estado emocional de Henry me fez compreender que ele era arquetipicamente composto mais do guerreiro pacífico que da "máquina de guerra". Em sua alma, Henry acreditava na eliminação das injustiças e na criação da harmonia, não na agressividade que havia vivenciado em seu serviço militar ativo. Sugeri que também invocássemos o auxílio de Hanael para promover uma cura mais permanente e inspiração criativa.

Recomendei que Henry recitasse a seguinte oração:

Uma Oração para o Anjo Hanael

Ó, Arcanjo Hanael,
Por favor, traz-me conforto, pois sou teu servo voluntário.
Traz alívio para minha condição física e enche meu contrito corpo emocional de cura, para que qualquer raiva possa ser sanada e enviada de volta à Fonte.
Por favor, assiste-me com tua força de Guerreiro e ilumina meu caminho quando eu me afastar da certeza.

Encanta-me com o vigor do positivismo e da alegria, para que eu possa encontrar o caminho que me é adequado como promotor da Paz e do Amor.

Por favor, mostra-me a clareza de meu destino e impede que eu me afaste do caminho de minha alma.

Que assim seja,
Amém.

A condição física de Henry tornou-se menos severa com o uso dessa meditação orante, tanto que ele se sentiu seguro para interromper o tratamento medicamentoso prescrito pelos médicos, substituindo-o por um regime específico recomendado por um nutricionista homeopático muito bem recomendado. Henry também adotou as Meditações Sônicas que recomendei.

Em diversas ocasiões, durante as meditações, ele notava uma mudança de temperatura no quarto e via um belo Orbe vermelho girando em torno de sua cabeça. Que outra confirmação poderíamos querer, sabendo que Hanael estava atuando tão junto dele? Desse modo, Henry sentiu-se amparado para redirecionar todo o seu ser mediante a promoção constante de vitalidade e saúde. Em consequência, ele conseguiu reunir uma coragem e uma constância que o ajudaram a mudar para uma profissão totalmente diferente.

Seis meses depois, essa ainda era a situação de Henry, que sentia a energia de Hanael impulsioná-lo adiante, ajudando-o em uma grande oportunidade profissional de trabalhar para uma das principais instituições de caridade do Reino Unido. A vida de Henry foi completamente transformada, tornando-se repleta de um alegre bem-estar que perdura até hoje. Ele se casou com uma bela mulher que usa, com ostentação, um maravilhoso anel de rubi, um presente que ganhou de casamento.

Uma Afirmação Diária para Atrair a Força de Hanael

Que eu seja forte
Que eu seja corajoso(a)
Que eu seja constante
Que eu viva em paz

Meditação para Tornar-se Um com a Presença de Hanael

1. Encontre um espaço sagrado para você, seja em contato com a natureza ou seu próprio quarto de meditação;
2. Acenda uma vela, queime gerânio (o perfume de Hanael) e coloque música ambiente para tocar, a fim de preparar o espaço para a presença de Hanael;
3. Tendo consagrado o espaço, expire a intenção de sentir gratidão pela presença de Hanael e, se possível, segure um pequeno rubi em sua mão ou o coloque sobre seu Chacra Cardíaco;
4. Alinhe a coluna, forme um *mudra*, unindo a ponta do polegar com a ponta do indicador, e sinta sua presença plenamente vigilante e atenta ao espaço, quer você esteja sentado(a) ou deitado(a);
5. Respire profundamente, fazendo com que o ar-luz percorra todo o seu campo de força, e sinta SILÊNCIO, SOLIDÃO E QUIETUDE movendo-se por você – a última nutrirá sua alma por completo;
6. Respire profundamente e entoe OM sete vezes, a partir de seu chacra cardíaco. Isso atrairá Hanael para seu campo energético.
7. Descanse e perceba que uma força pura irradia de seu coração ao espaço, cobrindo uma distância de pouco mais de dois metros. À medida que sua força se intensifica, imagine um belo Orbe de Luz Rubi surgindo no ápice do raio de força: essa é a força do Anjo Hanael. Ouça os sussurros oraculares da mágica presença de Hanael, sussurros que são repletos de coragem, esperança e força de vontade. Você sentirá a luz celestial das energias dos reinos arcangélicos de sétima dimensão equilibrando e curando sua vida.

Namastê

"A libertação é o chamado da alma à ação"

TRÊS

Anjo Jofiel

Jofiel emerge do éter atlante como um belo Orbe Amarelo. Esse Anjo é tão sagrado como a história da própria criação e ele fomenta a vida na Terra como um poder libertador. A assinatura característica de Jofiel está escrita no poder do belo cristal de Citrino.

De fato, existe uma antiga lenda segundo a qual Jofiel deu seu mineral Citrino à Terra quando Adão e Eva foram liberados da proteção do Jardim do Éden. Uma vez que o conhecimento divino foi corporificado em Adão, Eva e na vida do jardim, o tempo decretou que a essência daquele tempo deveria ascender a outros níveis de existência e, assim,

Jofiel nos deu a beleza do Citrino, para ser usado como uma "pedra de invocação" da força da libertação.

O citrino é um guardião que serve para atrair a presença de poderosas forças celestiais. É a essência da própria liberdade encarnada, assim como os profundos ensinamentos de Gautama Buda, que nos ensinou a encontrar uma bem-aventurança desapegada dos aspectos mais sombrios de nossas emoções, aos quais costumamos dar nosso poder. Medite no belo ícone que abre este capítulo e você absorverá ainda mais a força do desapego e da libertação.

Enquanto cor tonal, refratada da "grande luz", o amarelo é o terceiro raio do espectro visível do arco-íris e, na vida humana, vibra para alimentar o terceiro chacra, o do plexo solar. Esse é o portal para a liberação de nossa vontade física e, como tal, é antigo como os ventos e as pedras. Como centro de força, ele jura lealdade ao chacra coronário, de modo que se possa criar um ponto de transcendência. Portanto, essa ponte leva toda emoção profana ao desapego divino e, assim, à libertação. Por isso, o Chacra do plexo solar governa os vetores da vontade, tanto pelo ganho como pela perda.

Nos dias da Atlântida, Jofiel era considerado o Arcanjo dos Sábios, pois, na presença de Jofiel, era possível alcançar a sabedoria da conexão com o eu superior. Como a escada do sonho de Jacó, a libertação por meio da força de Jofiel pode ser vista como uma escada cósmica.

De fato, quando subimos na companhia desse ser celestial, somos introduzidos nos salões dos oniscientes – os Mestres Ascensionados e os Anjos, que vivem nas dimensões superiores – e nos conduz a uma maior comunhão com a Fonte.

Do mesmo modo, o raio ensolarado da energia de Jofiel nos traz cada dia como um meio de criar atitudes novas e diferentes com relação aos diversos aspectos da vida. Tal como o belo girassol, somos novamente conduzidos ao *frisson*, à delícia e ao puro prazer do encantamento da vida e, se fitarmos o sol do raio amarelo/dourado, nós nos tornamos um com o sol da Fonte.

O planeta Saturno, do qual Jofiel tira tanta energia, rege a energia galáctica que manifesta a Lei da Libertação. A lei da manifestação expressa no mundo, aquilo que queremos, e Saturno tem o poder de nos ajudar a ter foco e concentração e a eliminar nosso carma. Saturno mostra o que temos de fazer para nos tornarmos "mais leves" e, assim, nos libertarmos do ciclo de vidas que se repetem até recebermos a mensagem e expiarmos as ações do passado. Com relação a esse aspecto específico, Saturno se inter-relaciona com o grande Jofiel e o serve com seus belos raios amarelos, criados sobretudo por sua superfície de hidrogênio e hélio.

Se, por alguma razão, a vida não parece tão exuberante, você sente que sua criatividade está estagnada, sua autoestima está baixa, seu corpo mental não está limpo ou seu corpo físico está preso pelas tensões, peça a Jofiel que lhe traga a essência da libertação. Com isso, sua força, sua força saturnina será realinhada e você voltará automaticamente a ter esperança – pois a esperança emerge da morada da eternidade, como uma chama de sabedoria que traz esclarecimento, discernimento, luz – para tornar tudo mais claro, de modo que a mente volte a ser livre.

Ao longo dos anos, descobri que Jofiel traz essa energia de "despertar" sempre que se precisa desse nível de estímulo. Portanto, se você sentir, algum dia, uma falta de alegria de viver, quando seu estado de espírito ficar amortecido por causa de uma notícia difícil, ao deparar com o barulho ensurdecedor da corrupção mundana, quando se sentir oprimido(a) pela crueza da vida no limite, ou quando o fantasma da tristeza lhe fizer uma visita, atraia o Raio Amarelo da energia de Jofiel, banhe-se nele, olhe fixamente para a profunda beleza do raio citrino e seu humor mudará de imediato.

Jofiel traz vitalidade, estímulo e o poder de libertar-se da prisão da negatividade ou do pântano do desânimo.

Perguntas para atrair a energia de Jofiel para sua vida e sentir a força do esplendor deste Anjo na materialidade mesma do ser:

1. De que situações da sua vida você não se sente inteiramente livre?
2. Que atividades o levam a sentir que você precisa de maior libertação?
3. O que você precisa fazer para regenerar seu ser?
4. Em que aspectos de si mesmo(a) você precisa expandir sua criatividade?
5. Que cuidados com a saúde mais o(a) sustentam?

6. Em que parte de seu corpo você sente desapegar-se de impulsos negativos?
7. Que aspecto de sua vida emocional precisa ser plenamente curado?
8. Como você pode levar uma sensação de maior libertação àqueles com quem você se relaciona?
9. Que partes de você precisam se unir mais a Deus?
10. Que tipos de libertação você pode propiciar à vida de seus irmãos e irmãs?
11. A vida é um templo constante da alegria do bem-estar?
12. Existem situações em sua vida que precisam ser expiadas?

Pondere sobre essas questões e venere Jofiel como uma força divina que fala com você, e ouça os acordes de informação sagrada. Confie em sua intuição e você receberá transmissões diretas desse grande Libertador, na forma de respostas ás suas indagações mais íntimas e, na verdade, a qualquer outro questionamento que você fizer à inteligência de sua alma.

A Congregação dos Libertadores

Na Atlântida, Jofiel assistia à congregação dos LIBERTADORES e o grande Sacerdote-Cientista Atla PTAH. Essa comunidade sagrada dedicava sua vida a conectar as energias da Matrix Divina com as da Matrix Planetária. Sua função era multidimensional e permeada pela ideia de estar na vanguarda da criação, pois Ptah era uma das principais influências que viam a energia do planeta Terra como um experimento cósmico, onde o divino poderia ser recriado em forma física.

No período final da Atlântida, Ptah conduziu a congregação dos LIBERTADORES para a Mesopotâmia – a região entre os rios Tigre e Eufrates, conhecida hoje como o "crescente fértil". Ali, eles ajudaram a criar a extraordinária civilização suméria, que, por sua vez, ajudou a moldar muito do que também conhecemos dos impérios babilônico e assírio.

No Egito, e aproximadamente na mesma época, Ptah era considerado o Pai de todos os inícios e um vórtice vivo do grande Criador. Ptah era retratado segurando os quatro elementos – terra, água, ar e fogo –

na forma de rédeas e, como tal, esse Sacerdote-Mago era o Senhor da regeneração e da vida, pois aqueles elementos correspondem aos tijolos da criação – carbono, nitrogênio, oxigênio e hidrogênio.

PTAH – Sacerdote-Cientista do Atla

O Templo de Ptah no antigo Egito ficava em Mênfis, uma cidade projetada para ser o centro político do Egito. Os rituais e dedicações do Templo tinham por objetivo utilizar o poder cósmico manifestado na Terra, tal como eram praticados no grande Templo da Atlântida dedicado à LIBERTAÇÃO. Ali, havia pedras de Citrino, Quartzo e Berilo Dourado incrustadas nas paredes e pisos, o que produzia incríveis raios amarelos para potencializar o aterramento do potencial divino. O aproveitamento dessa força promovia progresso físico e sucesso material, e isso era utilizado para alterar a vida da comunidade inteira. E, tal como acontecia àquela época, é hoje conosco – quando o verdadeiro poder é soberano, nossos corpos físico, mental e emocional ficam alinhados com nossa essência espiritual e, uma vez mais, Ptah rege nossa vida com as rédeas de seu poder.

Ptah assume uma forma interessante na civilização grega. Ali, ele era visto como a Deusa Perséfone (Prosérpina para os romanos), aparecendo como a régia guia libertadora do submundo (a sombra), reinando sobre as almas dos mortos enquanto auxiliava os vivos.

Personagens como Héracles (o Hércules dos romanos) visitaram o submundo em busca de curas arquetípicas, como se vê na conclusão dos 12 "trabalhos" daquele herói, dos quais o décimo era dominar o cão de três cabeças que protegia o Submundo (as três cabeças representam o desejo, a sensação e a intenção), conhecido como Cérbero. Antes de fazê-lo, porém, ele foi orientado a implorar pela permissão de Perséfone, que o atendeu de bom grado. Assim retratados, Ptah e Perséfone constituem os lados opostos da mesma moeda: um é o Rei libertador do mundo da superfície, e a outra, com influência semelhante, mas Rainha do submundo.

Os valores positivos dos LIBERTADORES podem ser vistos como:

1. A capacidade de libertar a alma dos grilhões do pensamento ou do sentimento aprisionado;

2. A propensão de perdoar e abandonar velhos padrões;
3. Uma alegre capacidade de procurar o aspecto positivo dos desafios da vida;
4. Um instinto oriundo da energia da proteção aos vulneráveis;
5. A percepção detalhada de como o negativo pode ser equilibrado pelo positivo;
6. A determinação de libertar-se de emocionalidade comprometedora;
7. Um cuidado zeloso por transmutar as crises da carne em ganhos espirituais;
8. A diversão de encontros espirituosos;
9. Um profundo reconhecimento da prática espiritual;
10. A reverência do discernimento espiritual;
11. A adoção da fé na conduta humana como algo transcendente;
12. A compreensão de que a totalidade da vida é movida pela magia da Vontade Divina.

Uma História Sobre o Anjo Jofiel

Há alguns anos, contaram-me uma história extraordinária sobre uma jornalista política do Chile que havia sido presa e tratada com crueldade durante seu período prisional. Tudo isso aconteceu em uma época de ditadura militar e intensa inquietação civil.

Durante seu encarceramento, Maria havia sofrido torturas horrendas e, em dada ocasião, perdera totalmente a voz por, pelo menos, um mês de seus três anos de prisão. Embora sua recuperação parecesse completa, Maria ainda queria muito compreender melhor o período que ficara sem voz e, já em nosso primeiro encontro, notei como sua voz era centrada – ela tinha grande flexibilidade e cadência tranquila. Na realidade, nosso primeiro encontro foi surpreendente porque, em vez de conhecer a vítima da experiência traumática que eu sabia que ela havia vivido, eu tinha à minha frente um ser belíssimo, de semblante bondoso e amável, sorrindo sem esforço e sem nenhuma cicatriz visível da pavorosa violência que ela sofreu.

Em nossa conversa, surgiu uma história extraordinária: enquanto esteve presa e vivenciava momentos de intensa crueldade, Maria também teve experiências fortes e recorrentes fora do corpo. Tais episódios eram precedidos de concussões, que a faziam perder a consciência por um breve intervalo de tempo. Nesses momentos, ao acordar, Maria percebia uma luz amarela brilhante à sua volta. Alguns instantes após a ofuscação inicial, ela percebia que a luz se fazia acompanhar de um harmônico agudo, que se concentrava no centro com o Orbe de luz amarela que pairava alguns metros acima de sua cabeça.

Foi então que, em uma dessas experiências, ela percebeu a "perda da voz" e, ao tentar expressar a enormidade de sua experiência, pareceu-lhe que a voz havia sido literalmente arrancada e, de algum modo, substituída pelos tons harmônicos emitidos pela brilhante luz amarela. Nesses instantes, ela se sentiu inundada por uma imensa transmissão de energia, mergulhada em AMOR, e ouviu palavras em uma língua que não conseguia entender, mas que parecia antiga e sobrenatural, como que derivada da terra, do vento e da água do mundo natural. Esse encontro terminou quando uma brisa palpável passou pela cela, e foi seguido de alguns momentos de uma severa imobilidade que deixou seus algozes perplexos.

Daquela ocasião em diante, ela passou a sentir grande tranquilidade interior e uma serena conexão com Deus, e simplesmente sabia que, ainda que continuassem a espancá-la, seus captores não conseguiriam acessar aquela parte importantíssima de seu ser, sua verdade cheia de empatia e fervor. Fora uma crença ardente na verdade do amor e na justiça social que a levara ao jornalismo, e o desejo de Maria era que seu perfil de mídia pudesse ser usado como meio de expor as violações de direitos humanos que haviam acontecido em seu país durante o período de Ditadura. Maria desejava apagar ou exorcizar a marca que toda aquela crueldade deixara na vida de seus concidadãos.

Fiquei fascinado com essa história e logo notei a belíssima presença da energia de Jofiel à volta de Maria, pois lampejos dourados a cercavam em ondas de força que me levaram a crer que a perda de voz que ela vivenciara não havia sido uma perda, mas, antes, um ganho de outra qualidade de som, como um presente recebido diretamente da Fonte. Esse presente fora enviado por meio das várias oitavas de energia que compõem nossa matriz planetária. Além disso, essas mudanças de força dimensional criam estados alterados de comportamento em nós, por isso, nossa fisiologia parece mudar, geralmente de formas surpreendentes, a fim de acomodar a força e, a partir de então, o milagre nos transforma por completo.

O fato inegável era que a prisão de Maria e sua vida subsequente haviam sido radicalmente mudadas pelo encontro angélico. Nós exultamos juntos, enquanto eu entoava a presença de Jofiel para que ela a percebesse, e Maria sentiu-se libertada pela luz amarela e o som do amor ensolarado que a preenchia. Dali em diante, ela conseguiu cantar sua própria canção de liberdade por meio do trabalho pacífico que ela estava destinada a realizar.

Sugeri que Maria usasse a seguinte oração para aumentar sua conexão com Jofiel:

Uma Oração para o Anjo Jofiel

Ó, Arcanjo Jofiel,
Agradeço por suas asas de luz brilhante que, ao bater, levam libertação para meus dias e minhas noites.
Agradeço por me proteger durante os momentos de extremo desafio.
Por favor, traz clareza a meu trabalho de paz, inundando-o de graça divina.
Ajuda-me na liberação mais profunda de meu carma e ensina-me a arder constantemente com perdão, amando as almas daqueles que me atormentaram.
Por favor, permite que eu encontre mais paz na meditação, para que eu sinta a alegria da Fonte em cada respiração.
Partilha comigo oportunidades de pura alegria, para que, enquanto caminho pela estrada a vida, eu possa irradiar um fulgor que inspire outros a sua libertação, na plena crença de sua alma.
Que assim seja.
Amém.

Uma Afirmação Diária para Atrair a Força de Jofiel

Que eu me liberte
Que eu perdoe
Que eu seja sempre alegre
Que eu viva em paz

Meditação para Tornar-se Um com a Presença de Jofiel

1. Encontre um espaço sagrado para você, seja em contato com a natureza, ou seu próprio quarto de meditação;
2. Acenda uma vela, queime essência de narciso (o perfume de Jofiel) e coloque música ambiente para tocar, a fim de se preparar para essa presença angélica e consagrar o lugar com uma intenção pura;
3. Tendo consagrado o espaço, respire a intenção de estar na presença de Jofiel pelo espaço e, se você tiver um pequeno citrino, segure-o na mão ou, deitando-se, coloque-o sobre seu chacra cardíaco;
4. Alinhe a coluna, forme um *mudra*, unindo a ponta do polegar com a ponta do indicador, e sinta sua presença plenamente vigilante e atenta ao espaço, quer você esteja sentado(a) ou deitado(a);
5. Respire profundamente, fazendo com que o ar-luz percorra todo o seu ser. Sinta SILÊNCIO, SOLIDÃO E QUIETUDE – a última nutrirá sua alma;
6. Respire profundamente e entoe OM sete vezes, a partir de seu chacra cardíaco. Isso atrairá a presença de Jofiel para seu campo energético.
7. Descanse e perceba que uma força pura irradia de seu coração ao espaço à sua frente, cobrindo uma distância de pouco mais de dois metros. À medida que sua força se intensifica, imagine um belo Orbe de Luz da cor do CITRINO surgindo na extremidade do raio de força, a força saturnina do amor de Jofiel. Em seguida, descanse e ouça os sussurros oraculares da mágica presença de Jofiel, sussurros que são repletos de coragem, esperança e força de vontade. Você sentirá a luz celestial das energias dos reinos arcangélicos de sétima dimensão equilibrando e curando sua vida.

Namastê

"Onde há paixão, há propósito"

QUATRO

Anjo Metatron

Desde tempos antigos, existe uma crença de que a brilhante luz branca diamantina de Metatron é a mais rara e incomparável. Aquilo que foi, aquilo que é e algumas das coisas que ainda não sucederam constituem as energias que vibram mediante a inteligência do Raio Diamante do poderoso Metatron. Pois a força de Metatron ofusca o mais ardoroso ser espiritual em sua busca pela iluminação – a grande busca pela essência e reflexo do amor e da liberdade da vida.

Metatron é um reflexo desse tipo, que emerge da Fonte como um pensamento do Divino, e viveu na forma de Enoch, no Antigo Testamento. Curiosamente, Enoch e Elias são os únicos homens que, de acordo com os registros bíblicos, foram levados ao céu por Deus, em reconhecimento de sua pureza ímpar enquanto estiveram na Terra.

Em outra história do Antigo Testamento, quando Abraão está prestes a sacrificar seu único filho, Isaac, em sinal de sua obediência a Deus, é Metatron, como instrumento do próprio Deus, que ordena que Abraão pare e não cometa o ato. Em seguida, a mostra da obediência e humildade de Abraão diante de Deus é magnífica.

Ainda em outra história, quando Moisés sobe o Monte Sinai, desejoso de ver a face de Deus, ele depara com a sarça ardente e, então, sente a luz pulsante de Metatron, pois é esse grande Anjo que aparece como a glória mesma da natureza quando invocada pelo Divino.

Metatron é o Anjo da sagrada presença que, sentado à direita do Divino, ouve todas as mediações e meditações. Essa nobilíssima função de Metatron foi desenvolvida com o decorrer das areias do tempo, pois Metatron é o professor celestial que tem a posse da chave dos registros akáshicos, o grande livro de todo e qualquer pensamento. Esse atributo está gravado no ícone anterior, em que vemos Metatron promovendo a dispensação de conhecimento divino sempre que se faz esse pedido.

Como o raio branco da pureza, Metatron é constituído de todos os demais e os reflete, contendo inclusive as cores celestiais das oitavas superiores que existem para além da percepção humana. Portanto, é possível invocar Metatron concentrando-se no belo Raio Diamante do ícone que inicia este capítulo, e isso lhe proporcionará um crescimento espiritual sem precedentes, pois Metatron é o principal sintonizador da consciência angelical no ajuste das forças divina e humana no Planeta Terra.

O Anjo Metatron rege o Chacra do PORTAL ESTELAR, o chacra que encerra toda a informação do código de sua alma e das muitas encarnações que você já viveu. Quando vibra por inteiro, esse chacra transpessoal, que existe na borda de seu campo energético, ativa sua *Merkabah*, despertando seu corpo de luz para dar verdadeiro início a sua ascensão enquanto ser cosmológico.

A Congregação dos Professores

Na Atlântida, Metatron assistia à congregação dos PROFESSORES e falava por meio do grande AMÓN, o Sacerdote-Cientista do Atla que conduzia a comunidade com um incomparável semblante amoroso, pois, dentro do Templo dos Professores, havia alguns dos mais poderosos cristais de Quartzo da Atlântida. Tais cristais eram chamados os "Marcadores Estelares", que eram mantidos em um belo Santuário de Diamante e, quando plenamente ativados, recebiam transmissões dos antigos registros da matriz. Esses ensinamentos sublimes promoveram o avanço dos atlantes pelas areias do tempo.

Em linha com os cristais Marcadores Estelares, os PROFESSORES da Atlântida assumiam o papel de Oráculos, permitindo que as muitas mensagens de conhecimento fluíssem em suas comunicações, mensagens essas que eram extraídas dos grandes registros do pensamento original no *Akasha*. Todo ensinamento era considerado uma lembrança e muitos eram os modelos de ensino usados, dentre eles formas sagradas de arte, música, encenação e dança. Todos os modelos tinham por objetivo auxiliar, no campo da experiência, a abertura dos campos da consciência humana.

Como o povo atlante vivia com um DNA de 12 hélices e adotava crenças e estilos de vida que reforçavam a conexão entre o humano e o divino, muitas das habilidades ensinadas na Atlântida levavam as crianças a uma compreensão plena de suas capacidades psíquicas telecinéticas e telepáticas. De fato, os rituais nos templos levavam cada pessoa a entender como pureza, inocência e graça criavam ressonância harmônica e consistência tais que levavam a uma profusão de criatividade humana, possibilitando maior conexão com a Matriz Planetária e Cósmica.

Desse modo, teletransporte, levitação, a manifestação da prosperidade material, o desenvolvimento de belíssima arquitetura pelo poder de *laser* da luz e do som, curas mediante cirurgias psíquicas, a produção de ressonâncias congruentes por meio de meditação, cânticos e orações – tudo isso e ainda mais coisas integravam a prática cotidiana dos Professores e alunos no grande Templo da Inteligência Divina.

Fale ao mestre espiritual escondido na Sacralidade da própria alma, converse com a voz de seu amor, abra o coração à generosidade de sua sabedoria e, quando as respostas emergirem do centro mesmo de sua alma, o elixir celestial de Metatron terá oportunidade de manifestar-se. Então, a voz de Metatron falará diretamente a você, e uma serenidade amorosa inundará seu ser, fazendo com que nada volte a ser o que era antes.

Ao atrairmos a energia de Metatron, ao despertarmos mediante o pulso dessa imensa força Angélica, ao sentirmos o grande impulso de vibração extrassensorial percorrendo nosso próprio comportamento, pergunte-se como você pode animar e enriquecer esses estados por meio das seguintes perguntas:

1. Você tem clareza sobre os ensinamentos profundos de sua vida?
2. Você é sustentado pela convicção de que cada instante da vida é um milagre?
3. Seu amor flui com misericórdia, em resposta ao mundo?
4. Você honra e celebra sua alma sábia?
5. Sua conduta para com os outros é cheia de benevolência?
6. Seu senso de individualidade está aberto a receber mensagens divinas?
7. Você se permite verdadeiramente registrar a inteligência divina em sua vida?
8. Sua criatividade psíquica é plenamente comunicada em sua vida no mundo?
9. Você vive a probabilidade de sua criatividade pulsar com luz?
10. Você está aberto aos ensinamentos de seu terceiro olho?
11. Sua vida está aberta a informações oraculares?
12. Você sabe que a vida se exprime por palavras de integridade?

Pondere sobre esses questionamentos e celebre Metatron como a força Divina dentro de você. Ouça os acordes de informação sagrada que são transmitidos a você a partir do grande *Akasha*. Confie em sua psique e, usando seu coração como um instrumento de rabdomancia, você receberá transmissões diretas desse Professor celestial a respeito de quaisquer pontos de sua vida em que você precise de ajuda.

Esses ensinamentos cumularão sua vida e sua alma com tanto deslumbramento e alegria, que você desejará intensificar cada vez mais sua conexão com a força de Metatron, como você fez durante suas vidas na Atlântida.

A força de Metatron está especialmente vinculada ao planeta Terra, seu destino e sua gente, e, ao contrário do que acontece com os demais Anjos da Atlântida, não é responsabilidade de outros entes planetários (como a de Gabriel, atribuída a Netuno; a de Hanael, atribuída a Marte; ou a de Jofiel, atribuída a Saturno, por exemplo). Em vez disso, esse grande Arcanjo é responsável por nos conduzir por nosso atual processo de ascensão ao paraíso, que é nossa herança divina.

Os Anjos vibram por meio de uma consciência única, disponível para atender aos nossos pedidos sagrados e vivendo os vetores da lei universal da atração. Eles esperam para agir com relação aos pedidos que surgem do mais íntimo de nosso coração e nossa alma. A intenção deles é anunciar a informação de que "agora" é o momento de os Anjos ajudarem a moldar o destino de todos. Portanto, permita que Metatron seja o grande Professor companheiro de sua vida. Pois a energia de Metatron vencerá quaisquer desafios, transmutará quaisquer pontos de estagnação, aliviará qualquer fadiga. Deduza a questão e simplesmente a deixe aos cuidados desse grande Anjo.

AMÓN – Sacerdote-Cientista do Atla

Perto do fim da Atlântida, AMÓN colonizou a área que hoje conhecemos como México Central, e muitos dos professores desceram a uma vibração mais baixa, esquecendo suas capacidades psíquicas. A Congregação dos professores de Amón acabou dando origem aos povos astecas, que mantiveram enraizada em suas tradições a antiga crença de que eles haviam chegado ali vindos de um lugar mitológico conhecido como Aztlan. Na realidade, a língua nauatle falada pelos povos meso-americanos revela que a palavra "asteca" significa "o povo de Aztlan" ou Atlântida.

Durante a colonização da Mesoamérica, Amón tornou-se o grande Deus criador Quetzalcoatl – "a serpente emplumada" – governando as tribos que, mais tarde, se tornaram os povos astecas e maias, e regendo também a matriz planetária, o Sol, a Lua e todos os elementos, tal como fizera na Atlântida. O nome Amón significa, literalmente, "Serpente de muitas plumas", evocando uma memória distante de Amón, chegando dos céus, adornado com os raios de luz de sua própria *Merkabah*, como uma nuvem vertical de plumas.

Na civilização egípcia, Amón era visto como a misteriosa reencarnação do Deus Sol Re ou Rá, e é geralmente retratado sentado no trono do céu, como um Faraó, que traz sobre a cabeça uma coroa de penas ou altas plumas, tal como Quetzalcoatl. Na língua egípcia, Amón significa "aquele que está velado", pois esse grande Mago-professor podia metamorfosear-se de muitas formas a fim de promover a ordem divina sobre a terra e em meio às pessoas que estivessem abertas a recebê-la. Nessa mesma linha, AMÓN-RÁ, enquanto Senhor dos Disfarces, tinha uma presença misteriosa, embora o povo egípcio acreditasse que ele fosse um professor justo e benevolente. Tanto que ele era celebrado por meio de uma identificação metafórica com todos os Faraós – alguns dos quais adotaram o nome da divindade, como vemos no caso do jovem Tutancâmon [Tut-Ankh-Amun].

Na Grécia, Amón assumiu o papel feminino de Gaia, que, em Roma, era conhecida como Terra Mater. Gaia era a Mãe Terra universal, de seios grandes, a qual tinha responsabilidades específicas como profetisa primeva e guardiã dos mistérios. De fato, como Amón, Gaia era considerada o maior dos Oráculos e, por isso, criou um grande centro em Delfos, para que o Deus Apolo ali residisse. Todos os sacerdotes e as sacerdotisas que serviam nos Templos de Gaia eram os professores e oráculos mais renomados, sendo conhecidos como as sagradas Sibilas, tais como as sábias Pítias e as devotadas Melissas, que foram grandes profetisas de Delfos.

A voz de Metatron ressoa profundamente por meio dessas informações e, desse modo, quando Metatron, como instrumento do divino, for convocado, você estará preparado para a força misteriosa que soprará por sua vida? A mudança acontece quando estamos maduros para a evolução e, se tentarmos não avançar por causa do medo, ou aplicando nossa vontade para fazer cessar a evolução, também estaremos restringindo o dom da criatividade, que é nossa verdadeira herança.

Em vez disso, devemos confiar na vida, confiar em Metatron, confiar na vontade divina e, pela fé, nos entregarmos ao fluxo de criatividade do esplendor do universo. Pois, em nossa ilusão de separação, em nosso hábito de isolamento, em nosso medo da mudança, nós esquecemos que há um quadro maior dos acontecimentos que se desenrolam, um quadro cuja visão simplesmente não se revela ou não está disponível para nós naquele instante.

Nesses momentos, as asas luminosas de Metatron nos ofuscam com um fulgor mais poderoso que o espectro de nossa própria escuridão, e transmitem um augúrio de que a força de nossa criatividade, nossa influência no mundo, é muito mais fascinante do que acreditávamos, e muito podemos alcançar, tanto no campo profissional como no pessoal, quando invocamos a paciência, a sabedoria e a prudência.

Quando os claros harmônicos de Metatron soam em sua vida, isso significa que já não adianta ter reservas e inseguranças sobre si mesmo, já não é necessário alimentar opiniões limitadas sobre suas próprias capacidades. Em vez disso, é a hora de evoluir, ainda que o futuro à sua frente pareça intangível. Os céus sabem o que está reservado para você, pois apenas a Fonte sabe o que é o melhor para você. No entanto, sem dúvida, é chegado o momento de você reconhecer seu potencial único na criação da harmonia e da felicidade que sua alma tanto merece.

Os valores da Congregação dos PROFESSORES podem ser vistos como:

1. A capacidade de acreditar na probabilidade do que é milagroso;
2. Uma tendência de procurar pela inteligência divina;
3. A capacidade de ser misericordioso(a) e compassivo(a);
4. Um instinto que fareja a energia da magia e da intuição;
5. Um anseio pela liberdade da verdade, do crescimento e da educação;
6. A vontade de descobrir novas ideias, novos caminhos e novas informações;
7. Um profundo desejo de receber conselhos sensatos;
8. Propensão a amparar o desenvolvimento de outras pessoas;
9. Um profundo reconhecimento pela prática espiritual;
10. Fascínio pelo mistério e pelos rituais da fé espiritual;
11. Uma profunda capacidade de abdicar da vontade pessoal diante da vontade Divina;
12. Uma visão mais ampla da sagrada cosmologia da vida.

Uma História sobre o Anjo Metatron

Fui convidado a me hospedar em um castelo do século XVI na Baviera, sul da Alemanha, de propriedade de um cliente que tive alguns anos atrás. O objetivo de minha visita era limpar energia astral que parecia presa ali na forma de fenômenos psíquicos inusitados, observados por aqueles que viviam e trabalhavam na mansão. As manifestações aconteciam na forma de aparições de espíritos em determinada parte da construção, atmosferas muito frias e barulhos de pancadas nas primeiras horas da manhã. Acreditava-se que esses seres astrais fossem fantasmas de uma época antiga, presos entre os mundos, e fiquei muito intrigado com eles. Tendo auxiliado em muitos processos de limpeza astral, de alguma forma, eu sabia o que precisava ser feito.

Ao chegar ao castelo, a construção me pareceu espetacular, cercada que era de milhares de hectares de pinheirais, encarrapitada sobre um afloramento montanhoso de granito e com uma bela cascata mantida no jardim alpino bem organizado. A atual estrutura de granito da construção datava do final do século XVII e ostentava inúmeros acréscimos superficiais de muito bom gosto, feitos ao longo dos últimos 150 anos. Tais acréscimos foram feitos sobretudo pela necessidade de modernizar o espaço interno da habitação, para que tivesse um mínimo do conforto do século XX.

À luz do sol poente, a energia e a atmosfera externa do castelo se intensificaram e, tão logo entrei nele, a atmosfera interior parecia tranquila. De fato, antes do jantar, fui levado para conhecer a parte interna do castelo. Imponente e grandioso, mas sem ostentação, senti que o ambiente geral era alegre – isto é, exceto em um patamar superior, na parte principal do castelo. Essa elevação circundava um grande salão que tinha uma enorme escadaria de madeira ornamentada que levava a várias galerias acima. Essas galerias, por sua vez, tornaram-se alas do castelo, onde ficavam diversos quartos de dormir.

Contaram-me que, 200 anos antes, um antigo residente da construção havia recebido um golpe de espada e caído dali, vindo a morrer. A tragédia também havia afetado a jovem esposa do morador, que "perdera a razão" e saltara do alto das escadas, perdendo a vida ao bater nas lajotas do piso inferior. O plano era fazer uma vigília noturna naquela parte específica da galeria, de modo a eliminar as energias espectrais que aparecessem.

Meu anfitrião tinha um vívido interesse por fenômenos sobrenaturais e, em dada ocasião, havia contratado uma equipe de investigadores alemães com capacidades mediúnicas para estudar os fenômenos. A equipe havia constatado a presença de energia eletromagnética incomum na galeria e tirado várias fotografias interessantes de formações luminosas. Eles também registraram haver captado uma sensação de horror, mas não conseguiram conduzir nenhuma "transição de energia por limpeza astral" para seu empregador, que, à época, passara muito tempo cuidando de negócios nos Estados Unidos.

Depois do jantar, quando outros dois convidados se recolheram, meu anfitrião e eu nos sentamos em vigília até as 12 horas da manhã, mas não houve nenhuma agitação energética. Eu estava cansado pela viagem do dia e, por isso, sugeri que fôssemos dormir. Meu anfitrião concordou e foi o que fizemos. No entanto, às 4 da manhã, eu ainda estava acordado, pensando na localização daquelas atividades psíquicas. Então, levando comigo uma vela, segui pelo corredor escuro, invocando os Arcanjos Miguel e Metatron com toda a força que eu tinha. Por intuição, eu simplesmente sabia que, naquela noite, precisaria do amor e da companhia daqueles Anjos. Minha oração para esses grandes guardiões da minha vida foi a seguinte:

Uma Oração para Miguel e Metatron

Ó, Arcanjos Miguel e Metatron,
Por favor, protegei-me em paz durante esta noite de vigília.
Conduzi-me pelo vale das sombras e não deixeis que a escuridão me detenha.
Por favor, ajudai meu ser enquanto trago luz para este lugar, tornai minha mente corajosa, fortalecei meu coração com vosso amor e robustecei minha alma com vosso amor divino.
Com vosso êxtase, por favor, guiai estas almas queridas para seu descanso e fazei que seus guardiões espirituais os sigam, acompanhando-os à luz, pois precisam dolorosamente de descanso.
Não deixeis que a escuridão siga esse caminho e fazei que o plano de amor e luz se realize, enquanto selais a porta onde habita todo o mal.
Fazei que a Luz e o Amor restabeleçam o plano na Terra.
Que assim seja.
Amém.

Recitando essa oração, segui pelo corredor até a galeria, e soube imediatamente que outra coisa estava ocorrendo em nível energético, algo que não havia ficado aparente antes. A atmosfera estava muito gelada, um odor de enxofre inundou minhas narinas e eu vi diversas emanações de luz de seres elementais em redor da suposta cena do acontecimento trágico. Cerca de meia hora depois, tive uma forte sensação de algo que eu só posso descrever como pavor e pesar se acumulando em meu corpo, e segurei a vela, as orações e o sino que uso mais perto de meu coração.

Essas ferramentas do sino, do livro e da vela são lembretes de nossa divindade, e eu sempre os carrego comigo. Naquela ocasião, eu os segurei mais perto de meu coração e recitei a seguinte oração:

Uma Oração para o Anjo Metatron

Ó, Arcanjo Metatron,
Por favor, irradia tua luz brilhante com muita intensidade neste espaço.
Concede-me teu dom de inteligência divina e permite que minha força de amor e luz propicie uma passagem segura para esses queridos seres, de modo que eles possam encontrar seu caminho de volta à luz.
Por tua vontade divina, por favor, leva-os à luz do socorro e da cura e permite que eu lhes entoe uma passagem segura, para que os queridos espíritos guardiões que os esperam possam levá-los ao amor que é a Fonte.
Por favor, ensina-me a transformar estes seres em gestos de amor e paz, e envia tua presença e sabedoria oniscientes em meu auxílio.
Entrego-me a cada instante de respiração como um reflexo do divino.
Com amor, que assim seja.
Amém.

Repeti essa oração três vezes e notei uma mudança extraordinária de energia acontecer diante de meus olhos, quando o belo Orbe diamantino de Metatron surgiu e preencheu o espaço à minha volta com um amor tão sublime que lágrimas rolaram por meu rosto. Depois de alguns minutos, toda a energia daquela área ficou muito serena, e eu ouvi harmônicos agudos e estalos de estática, enquanto uma força tremendamente desalentadora invadia meu corpo e eu sentia a dor da tristeza "deles". Então, essa força seguiu até meu oitavo Chacra e o atravessou, rumo à luz inextinguível. O espírito daquelas duas pessoas partiu, eu entoei OM sete vezes, queimando olíbano para santificar o espaço. Mais tarde, aquela área da casa exalava um perfume delicioso e irradiava serenidade, como se o aroma de óleo etérico de rosas preenchesse toda a galeria e a escadaria.

Quero logo esclarecer que não costumo realizar esse tipo de cerimônia sozinho, mas, naquela ocasião, senti que todas as minhas energias eram guiadas por meus companheiros angelicais. Por favor, não se envolva em circunstâncias semelhantes, a menos que você realmente saiba em que está se envolvendo.

Para concluir, mantive contato com meu cliente alemão e soube que, depois daquilo, não houve mais sons nem visões de atividade psíquica incomum em seu castelo.

Uma Afirmação Diária para Atrair a Força de Metatron

Que eu me torne sábio(a)
Que eu seja clemente
Que eu seja intuitivo(a)
Que eu viva em paz

Meditação para Tornar-se Um com a Presença de Metaron

1. Encontre um espaço sagrado para você, seja em contato com a natureza, ou seu próprio quarto de meditação;
2. Acenda uma vela, queime olíbano (o perfume de Metatron) e coloque música ambiente para tocar, a fim de consagrar o lugar com uma intenção pura;
3. Tendo consagrado o espaço, inspire e expire sua intenção de estar na presença de Metatron pelo espaço e, se você tiver um pequeno Diamante ou Cristal de Quartzo, segure-o na mão ou, se estiver deitado(a), coloque-o sobre seu chacra cardíaco;
4. Alinhe a coluna, forme um *mudra*, unindo a ponta do polegar com a ponta do indicador. Sinta sua presença plenamente vigilante, quer você esteja sentado(a) ou deitado(a);
5. Respire profundamente, fazendo com que o ar-luz percorra todo o seu ser. Sinta SILÊNCIO, SOLIDÃO e QUIETUDE – a última nutrirá sua alma;

6. Respire profundamente e entoe OM sete vezes, a partir de seu chacra cardíaco. Isso atrairá a presença de Metatron para seu campo energético.
7. Descanse e perceba que uma força pura irradia de seu coração ao espaço à sua frente, cobrindo uma distância de pouco mais de dois metros. À medida que sua força se intensifica, imagine um belo Orbe ou raio luminoso BRILHANTE surgindo na extremidade do vetor de seu coração. Essa é a força do Anjo Metatron. Em seguida, descanse e ouça os sussurros oraculares da mágica presença desse Anjo, sussurros que são repletos de inteligência divina, milagres e misericórdia. Enquanto medita, você sentirá a luz celestial das energias dos reinos arcangélicos de sétima dimensão amando e curando sua vida.

Namastê

"A música do coração é o eco da nota de sua alma"

CINCO

Anjo Miguel

Iluminado pelo Raio Violeta da Fonte, o Anjo Miguel é visto no ícone acima, revestido da forma do Deus egípcio Thoth, por causa do estreito alinhamento entre eles, pois ambos personificam a arte da Alquimia.

Basicamente, Miguel se posiciona em nossa vida como o líder dos Anjos da Atlântida, transmutando todos os males e entrando em nossa vida, nossos domínios e na substância mesma de nossa carne como um raio *laser*. Pois Miguel vem para nos conduzir na expiação e pagamento de todo o carma, toda a insegurança e todos os sentimentos autoinfligidos de poluição emocional. À semelhança de Thoth, Miguel usa a integridade do coração como uma força sintonizadora, a fim de ajudar, com amor, que a integridade faça morada em nossa vida.

Na forma do Thoth de cabeça de íbis, vemos Miguel retratado na "cerimônia de pesagem do coração", um rito solene realizado quando a alma passa ao além-vida, atravessando os Salões da Verdade. Esses Salões eram vigiados por Matt, a Deusa da Verdade, acompanhada de seu marido, o Deus Thoth, da sabedoria violeta secreta.

De acordo com antigas lendas, acreditava-se que a sagrada Íbis egípcia havia criado a vida no planeta Terra ao botar um belo ovo e, como Thoth era considerado uma presença criadora arquetípica, a Íbis passou a ser associada a ele, sendo assim propagada pelos Sumo Sacerdotes de Hermópolis, o Templo de Thoth no Egito.

Simbolicamente, a sagrada Íbis cobre-se de plumagem preta e branca, uma representação da ideia do eterno equilíbrio entre a luz e a escuridão, o bem e o mal, o certo e o errado. Essa é a força divina que cristaliza o ensinamento de Thoth no tocante às energias duais do planeta Terra, pois nosso planeta é um planeta binário, onde nada existe em singularidade: tudo é plural. E, desse modo, Thoth ensinava que a liberdade última residia no ponto imóvel da indagação, descansando entre os dois polos, o epicentro da antítese. Portanto, enquanto pássaro criador, a Íbis simboliza o eixo central da verdade, espetando, com seu bico, qualquer ilusão, inverdade ou criação deturpada.

Da mesma forma, o Anjo Miguel é retratado matando o dragão, fincando sua lança no corpo da besta – um papel que, mais tarde, foi atribuído a São Jorge. Pois o dragão da cultura ocidental permeia as brumas do tempo como o espectro do mal, com a face e o corpo do demoníaco. Igualmente, o dragão assume a forma da serpente do Jardim do Éden, presenteando Eva com o fruto da árvore do conhecimento e, assim, seduzindo-a a perder a inocência.

Além disso, o dragão representa a ideia de nossa sombra individual e coletiva. Ele simboliza tudo o que é pérfido na natureza humana, em tudo o que nos induz a ficarmos confusos e perdidos, de modo a ceder nosso verdadeiro poder às tendências egoicas da vida. Miguel traz a sabedoria última para derrotar o ego. Ele traz à vanguarda a noção do poder criativo divino. Miguel atravessa qualquer ilusão, promovendo equilíbrio, paciência e o desenvolvimento de nossa soberania pessoal, conhecida como a grande PRESENÇA EU SOU.

Miguel trabalha em conjunto com Metatron, no sentido de que tendem a ser retratados partilhando de responsabilidades semelhantes: detendo a mão de Abraão quando este estava prestes a matar seu único filho, em sacrifício a Deus; aparecendo a Moisés na sarça ardente; salvando Ló da destruição de Sodoma. De fato, tão numerosas são as lendas associadas ao Arcanjo Miguel, enquanto curador e transmutador, nas doutrinas religiosas islâmicas, judaicas e cristãs, que essa sublime força Angélica tem sido um importante auxílio para milhões de vidas, qualquer que seja a herança cultural.

Como Príncipe Cósmico, Miguel é o verdadeiro e esplêndido líder onipresente que oferece sabedoria, amor, transformação e verdade, e costuma estar alinhado, em última análise, com a energia do Cristo, o Filho ungido de Deus.

A Congregação dos Líderes

Na Atlântida, Miguel assistia a congregação dos LÍDERES – os seres que se dedicavam à função da liderança, na promessa do experimento cósmico conhecido como Planeta Terra. Eram homens e mulheres que exprimiam uma fórmula ímpar, um grandioso desígnio que havia sido inicialmente comunicado pelo conselho intergaláctico e orquestrado por meio da matriz planetária a fim de criar a radiante civilização da Atlântida.

Esses LÍDERES inspiravam o povo da Atlântida a aderir às virtudes das joias eternas que lhes haviam sido concedidas e que promoviam uma supercongruência entre o humano e o divino. Tais joias emergiam do riacho gorgolejante dos sentimentos puros – um riacho de águas doces, puras, limpas e verdadeiras – que, quando avivado pela velocidade da criatividade delas, se transformava em cascatas de amor, compaixão, empatia, sabedoria, paciência, não julgamento, perdão, gratidão e verdade: Miguel era o defensor dessas bênçãos.

Osíris – O Sacerdote-Cientista do Atla

O grande Sacerdote-Cientista do Atla que dirigia a congregação dos líderes era OSÍRIS, o poderoso líder do poder e da criatividade universais, bem como da força fértil da vida. Osíris promovia uma dedicação especial da força do Chacra CORONÁRIO no culto do Templo, pois o centro energético da coroa era visto como uma câmara de renovação no contínuo ciclo da vida e na convicção harmoniosa da alma. O objetivo mais evidente que florescia disso promovia integração, libertação e liberdade como os principais propósitos da vida atlante.

O Raio Violeta do portal que é esse chacra representava o ápice dos sete Chacras pessoais e, por esse centro energético, levava-se "luz" aos chacras superiores transpessoais, do oitavo ao 12º. Desse modo, estabelecia-se uma ligação entre a natureza de nosso corpo tridimensional e os reinos celestiais superiores, pois esse Chacra permite que a luz da Fonte literalmente se derrame na geometria física de nosso ser, criando uma conexão com a mente superconsciente, o eu superior, a consciência e, por fim, Deus.

No antigo Egito, Osíris era aclamado como um Deus Universal, exercendo uma liderança magnânima ao lado de sua irmã, Ísis, como Rainha, e tendo Thoth por Escriba-Mensageiro. Osíris promoveu uma próspera era de ouro no Egito pré-dinástico, tendo integrado os elementos e as forças da natureza em seu governo. Tendo concluído seu reinado, o filho de Osíris, Hórus, assumiu o governo da nação, enquanto Osíris passava a exercer sua influência como Líder Soberano do Submundo.

Os egípcios acreditavam que o reinado de Osíris no submundo simbolizava a continuidade da vida após a morte, pois sua nova posição assegurava que o submundo seria iluminado pela luz solar. Osíris irradiava estabilidade, confiança e poder, ilustrando a possibilidade de um indivíduo autoconfiante transcender os desafios da vida, sobrevivendo a eles.

Para incorporar os valores ou características de Miguel, por favor, pergunte-se:

1. Estou aberto(a) à grandiosidade de meu poder potencial?
2. Sou sustentado(a) pela noção dos encantos da vida?
3. Meu amor flui como uma aspiração de autoestima?
4. Estou honrando o poder de minhas escolhas de vida?
5. Sinto medo ou alegria por ser o senhor/senhora de meu destino?
6. Meu senso de emancipação está aberto a receber mensagens de Miguel?

7. Quero que minha vida seja rica em novas oportunidades criativas?
8. Posso ser o(a) Líder dos principais elementos de minha vida?
9. Vivo a probabilidade de minha vida pulsar com luz?
10. Tenho medo de me impor em situações sociais?
11. Minha vida está aberta ao fluxo criativo do Universo interior?
12. Eu escondo meu poderoso potencial do mundo?

Pondere sobre essas perguntas. Celebre Miguel como a força de Deus em seu íntimo e ouça os acordes de informação sagrada sendo diretamente comunicados a você. Confie em sua psique e, usando seu coração como um instrumento de rabdomancia, você receberá transmissões diretas desse Líder cósmico. Esses ensinamentos cumularão sua vida e sua alma com tanto deslumbramento e alegria, que você desejará intensificar cada vez mais sua conexão com a força de Miguel, tal como era vivenciada na Atlântida.

Em nossa era atual, que nos conduz na travessia do portal da Era de Aquário, a substância e a essência da liderança estão sendo investigadas a fundo, principalmente porque os modelos relacionados à Liderança, o prestígio da autoridade de nossas instituições passadas, já não são eficientes. Pois muitos de nós somos por demais treinados negativamente no amor ao poder, na injustiça, na indiferença e na exclusão.

No entanto, devemos nos voltar à criação de um novo paradigma, no qual a liderança seja baseada nos preceitos de uma força mais visionária, iluminada e emocionalmente inteligente. Nele, o líder esclarecido do futuro é em tudo conduzido por Miguel, e irradia, gera, cultiva a confiança pessoal e a caridade por onde quer que passe, levando, por sua vez, todas as demais pessoas a se movimentar. Sua presença inspira os outros a fazer as escolhas mais elevadas e, assim, as paixões das outras pessoas são inflamadas ao limite de suas forças. O líder iluminado faz isso acontecer porque vive um estado totalmente integrado, explorando lógica e intuição como dois lados do mesmo processo. Viver assim significa que sua presença ilumina o presente.

Quando tentamos definir o poder desse líder, podemos registrar suas habilidades estratégicas, seu poder de organização, sua visão, sua aptidão para lidar com pessoas e o uso inteligente que faz de ideias contemporâneas. Contudo, líderes realmente iluminados vivem uma nota mais fundamental – eles nos incentivam a sentir nossas próprias emoções pela empatia de sua própria força pessoal.

Ao mobilizar sua gente ou criar estratégias fundamentais, líderes desse calibre atuam sobretudo mediante pureza de ação e clareza de pensamento. Eles têm a coragem de navegar contra a corrente do pensamento vigente, percebendo o máximo potencial para os seus, em casa ou em seu ramo de atividade. Sua iluminação não está *naquilo sobre que* exercem sua influência, mas em *como* alcançam o sucesso, pois dão início aos sentimentos de sua nota primordial das formas mais adequadas, sendo totalmente honestos em sua direção.

O segredo disso é simples – líderes iluminados atuam lançando mão da inteligência emocional – eles são essencialmente inteligentes no tocante a suas emoções, inspirando outros a cultivar o autoconhecimento, o que fazem por contribuições caridosas ao bem-estar público. Essa qualidade brilhante surge em consequência do fato de que eles observam a si mesmos e a seus relacionamentos com atenção e coração aberto. Nisso, sua influência é como uma estrela-guia para todos.

> *O alquimista (o líder iluminado) que consegue extrair do seu coração os elementos da humildade, compaixão, respeito, misericórdia, paciência, alegria, verdade, perdão e paz e combiná-los em um único elemento pode criar o átomo chamado AMOR.*
> – Kahlil Gibran

O Deus Grego Zeus

Na época do fim da Atlântida, o arquétipo do Sacerdote-Cientista atlante dos LÍDERES assumiu primeiro a forma do egípcio OSÍRIS e, em seguida, transformou-se no grande Deus grego Zeus, ou Júpiter, o Deus soberano de Roma. Em homens e mulheres comuns, o arquétipo de Zeus forma a pessoa cuja força motriz é estabelecer um reino onde sua autoridade e poder são exercidos em plenitude.

Portanto, a pessoa alinhada com esse arquétipo preferiria trabalhar por conta própria a trabalhar para outra pessoa. O caráter arquetípico de Zeus quer trabalhar sozinho ou com outras pessoas poderosas, em consenso, e se destaca em reuniões de líderes, fazendo alianças que estabelecem limites claros.

Miguel prepondera nessa forma de liderança e nos inspira a aplicar essas idiossincrasias a nossa vida, incentivando-nos a viver plenamente nossa verdadeira autoridade espiritual por meio da soberania da PRE-

SENÇA EU SOU. É então que encontramos nosso trono e nosso reino, pois todos nós temos o poder do Criador em nosso íntimo. Além disso, descobrimos o propósito de nossa alma e nos deixamos iniciar no mundo como buscadores espirituais, ainda que venhamos a ser desprezados pelos outros apenas porque o Divino pode estar ausente na vida dessas pessoas.

O desejo de Miguel é que você se sente no trono de seu próprio poder e esteja na sabedoria universal da mente una com zelo visionário. Esse é o momento em que a compaixão divina circulará por você e o(a) despertará a compreender que aquilo que você vê fora também está dentro. Se conseguimos sentir o trono como um majestoso centro de empatia, nós não só surfamos a onda do atual uso que fazemos de nosso poder pessoal a partir de uma perspectiva compassiva, como também trazemos a experiência do passado na manifestação do futuro como material para exprimir o amor.

Os valores da congregação dos LÍDERES podem ser vistos como:

1. A capacidade de acreditar em si mesmo como uma força motivadora;
2. Uma tendência de confiar em seus conselhos pessoais e nos conselhos de Deus;
3. A capacidade de ser comedido e sensível na busca pela integridade dos outros;
4. Uma inclinação natural para a energia da intuição, da iniciação e da abundância;
5. Um anseio pela liberdade do sucesso e da evolução;
6. A determinação de descobrir novas maneiras de ser e agir;
7. Um desejo profundo da companhia de pessoas com o mesmo nível de poder e experiência pessoal;
8. Propensão a apoiar o desenvolvimento das pessoas, mas a partir de uma posição elevada e isolada;
9. Um profundo reconhecimento da Vontade Divina por trás de todas as benesses temporais;
10. Interesse pela necessidade de ser paciente, compreensivo(a) e autossustentável;
11. Uma grande habilidade de buscar estabilidade e segurança;
12. Uma crença geral na longevidade e na transcendência.

Uma História sobre o Anjo Miguel

Quando nos conhecemos, Margaret havia acabado de concluir o MBA em uma Escola de Negócios de Londres e já havia encontrado um emprego excelente em um grande banco. Isso aconteceu graças ao prestígio da escola em que se formara e da excelência de seu perfil pessoal, de seus talentos e das técnicas de entrevista que ela havia aprendido. Margarete tinha autocontrole e estilo. Portanto, era dotada de um excelente potencial administrativo, pois sua inteligência estratégica, sua coragem, franqueza e qualidades de liderança eram evidentes. No entanto, ela achava que sua vida era uma existência letárgica e vazia.

A questão era que Margaret sentia o coração vazio, pois não se sentia movida pela substância material da vida e buscava com sofreguidão por um impulso mágico que parecia ausente. Literalmente, nada de natureza temporal parecia animá-la.

Pedi que Margaret fosse a um dos Retiros Angelicais Atlantes que realizo na República Dominicana, e ela concordou. O tempo que passamos em retiro é uma oportunidade de manifestar o espírito por meio dos SETE PASSOS PARA O CÉU, os sacramentos sagrados que os Anjos me deram. Esses rituais nos permitem analisar as áreas de nossa vida em que não estamos plenos, aquelas que precisam de integração, de modo que quaisquer "obstruções energéticas" sejam claramente identificadas. Então, pela atuação da lei da transmutação, a obstrução é transformada – nos níveis físico, emocional, mental e espiritual. O resultado é uma vibração muito mais elevada para o indivíduo, na qual a vitalidade, o bem-estar, a emancipação e uma alegria pura e sustentável fluem pela pessoa, transmutando a energia dos milhares de choques naturais de que a carne é herdeira. Costumo sugerir que o Retiro seja feito em um lugar paradisíaco, um destino que seja o próprio céu.

Certo dia, durante um maravilhoso exercício que chamo de "Rabdomancia do Coração" (que me foi ditado pelo Anjo Miguel e no qual reverenciamos uns aos outros pelo ser que somos), o grupo foi divididos em duplas para a primeira parte do exercício, em que uma pessoa observa a outra, sentada à sua frente. Isso requer sensibilidade e concentração, pois não há nada que "fazer", apenas "estar" com a pessoa à sua frente.

De início, Margaret achou isso muitíssimo desafiador e não conseguiu se entregar, querendo controlar a situação. Ela se sentiu desconfortável com relação à atenção amorosa que recebia de sua colega de exercício. Após 20 minutos de imersão na energia, o que exige que realmente nos entreguemos, as pessoas vivenciam momentos muito intensos de compartilhamento. Então, em uma conversa bastante terna, as pessoas fazem observações sobre o que aconteceu. Esses são momentos de verdadeira graça, quando os indivíduos falam como o(a) colega se transformou por completo diante deles, assumindo diferentes formas e características humanas – como se estivessem vendo as muitas encarnações daquele ser.

Em seguida, pedi que as pessoas de cada dupla se revezassem no seguinte ato: colocar a mão esquerda sobre o centro cardíaco da pessoa à sua frente, a qual, àquela altura, já estaria muitíssimo tranquila e repleta de luz. Pedi que cada pessoa, ao sondar o coração da outra, sussurrasse os sons ouvidos em primeiro e segundo planos durante aquela interação. Em geral, as pessoas começam a distinguir o canto dos pássaros, o vento nas palmeiras, os insetos, o som das ondas do mar e, só então, percebem as batidas do coração da pessoa à sua frente. Isso acontece em um fluxo calmo, constante, livre e sem esforço, mas que requer um abandono ainda maior.

Depois, peço que as pessoas observadas sintam a animação da alegria para, assim, acelerar o ritmo de seu coração, e que os observadores prestem atenção ao que acontece. Na maioria das vezes, as pessoas notam que, tão logo o ritmo cardíaco aumenta com a alegria, os sons de fundo entram em sincronia com os sons de primeiro plano, sobretudo, é claro, com o ritmo das batidas do coração.

Quer sejam as cigarras, o fluxo do *pranayama* no oxigênio das palmeiras, o movimento das brisas subtropicais ou o barulho das ondas, tudo entra em sincronia com as batidas do coração e, quando isso acontece, o campo energético do coração pode ficar 5 mil vezes maior que o do cérebro. Uma vez alcançado esse nível de sensibilidade, eu pedia aos observadores que sintonizassem seu ritmo cardíaco ao da pessoa observada.

Isso cria uma conexão muito profunda, e Margaret se emocionou tanto ao sentir a energia da criação entrando em sinergia com seu coração, que ela experimentou uma alegria palpável que permeava, elevava e apaziguava a experiência de estar em total sincronia com a plenitude da natureza e da criação.

Nesses momentos, a diversidade de harmonias à nossa volta afaga e comunica cada qual sua própria verdade, pois todas elas são a expressão única da força divina da criação na grande Alma. Radiante, repleta de intensa luz, inteiramente verdadeira, energizada pela quietude, absolutamente autêntica, sentindo a conexão interior, transbordando de amor, com saúde indiscutível e sentindo uma felicidade extática, Margaret ficou imensamente comovida.

Fizemos um intervalo para tomar água e comer frutas, e as pessoas partilhavam suas experiências com serenidade. Então, algo estranho aconteceu, quando nosso trabalho íntimo de grupo foi perturbado pela chegada barulhenta do carro do administrador da propriedade. Nós o observamos enquanto ele se aproximava, com o veículo, de onde estávamos, na Casa de Retiro. Ao sair do carro, ele bateu a porta e congelou – havia deixado as chaves dentro, e as travas elétricas haviam trancado as portas automaticamente. Ele ficou perplexo com o que acabara de fazer, pois aquelas eram as únicas chaves que ele tinha. Apenas magia poderia abrir o carro, já que não havia um conjunto reserva de chaves na Ilha, naquela ocasião.

Senti que era a oportunidade perfeita de usar magia sagrada e, então, pedi que algumas pessoas do Retiro formassem um círculo em redor do carro e sintonizassem seus batimentos cardíacos, dando as mãos. E assim fizemos, respeitando o tempo de respirarmos e estabelecermos contato uns com os outros. Em seguida, pedi que todos visualizassem o belo raio violeta de Miguel irradiando de seu próprio coração, em sincronia uns com os outros, e entrassem em sintonia com o carro, com a intenção específica de abrir suas portas.

Quando a sintonização alcançou seu ponto mais intenso, recitei, por todos nós, a seguinte oração:

Uma Oração para o Anjo Miguel

Ó, Arcanjo Miguel,
Por favor, inunda meu ser, da coroa aos pés, com tua luz celestial, e permite que eu veja o centro de minha alma e molde o destino de minha encarnação.
Ajuda-me a conduzir meu crescimento espiritual e a ser o controlador de minha própria frequência ao longo do desenrolar de minha vida.

Por favor, purifica minha atenção, para que eu veja a constante chama da luz divina em meu íntimo, de modo que meu ser seja sempre aperfeiçoado pelo amor incondicional, e que eu seja um servo de Deus aqui na terra.

Neste momento, deixa que eu use parte de minha força para retirar as chaves deste carro trancado, a fim de que, mais uma vez, a liberdade de locomoção produzida por este veículo possa ser usada para proporcionar alegria e comodidade às pessoas que se utilizam de seu poder.

Que assim seja.

Amém.

Em seguida, avançamos e cinco pessoas colocaram as mãos na maçaneta das quatro portas e do porta-malas. Juntos, nós dissemos: "Por favor, abre o carro com o sagrado amor de nossa intenção" e, guiados pela extraordinária força de liderança de Miguel para conseguir nosso objetivo, cada porta se abriu facilmente.

Nós todos gritamos de alegria – nossa intenção criativa havia aberto o carro trancado, nossa respiração e rabdomancia do coração em conjunto havia criado uma ligação única entre nossos chacras cardíacos, e a sincronia de nossa pulsação havia realizado a magia.

Depois disso, Margaret e eu analisamos toda a convicção dessa experiência, inclusive do profundo despertar de Margaret, em cujo coração nasceu, naquele dia, uma nova forma de liderança iluminada, sob a influência do poder do Anjo Miguel.

Uma Afirmação Diária para Atrair a Força de Miguel

Que eu seja paciente
Que eu me encante
Que eu me sinta poderoso(a)
Que eu viva em paz

Meditação para Tornar-se Um com a Presença de Miguel

1. Encontre um espaço sagrado para você, seja em contato com a natureza, ou seu próprio quarto de meditação;
2. Acenda uma vela, queime rosa (o perfume de Miguel) e coloque música ambiente para tocar, a fim de consagrar o espaço com uma intenção pura e amorosa;
3. Tendo consagrado o espaço, respire sua intenção de estar na presença de Miguel pelo espaço e, se você tiver uma pequena Ametista, segure-a na mão ou, se estiver deitado(a), coloque-a sobre seu coração;
4. Alinhe a coluna, forme um *mudra*, unindo a ponta do polegar com a ponta do indicador. Sinta sua presença plenamente vigilante, quer você esteja sentado(a) ou deitado(a);
5. Respire profundamente, fazendo com que o ar-luz percorra todo o seu ser. Sinta SILÊNCIO, SOLIDÃO E QUIETUDE – a última nutrirá sua alma;
6. Respire profundamente e entoe OM sete vezes, a partir de seu chacra cardíaco. Isso atrairá a presença de Miguel para seu campo energético.
7. Descanse e perceba que uma força pura irradia de seu coração ao espaço à sua frente, cobrindo uma distância de pouco mais de dois metros. À medida que sua força se intensifica, imagine um belo Orbe de luz AMETISTA surgindo na extremidade do raio de luz de seu coração. Essa é a força do Anjo Miguel, vinda de Mercúrio. Em seguida, descanse e ouça os sussurros oraculares da mágica presença desse Anjo, sussurros que são repletos da força da liderança, de paciência e magia. Enquanto medita, você sentirá a luz celestial das energias dos reinos arcangélicos de sétima dimensão amando e curando sua vida.

Namastê

"A ação de curar é um movimento amoroso de volta à plenitude"

SEIS

Anjo Rafael

A Atlântida e o Anjo Rafael existiam juntos em sublime congruência. Cada qual servia à força Universal do esplendor uno e único e, juntos, pela alquimia da cura, atraíam raios esmeraldinos de perfeita inclusividade diretamente da Fonte. Isso, em essência, promovia a noção de que toda a cura é um movimento de volta à plenitude.

Quando buscamos Rafael, não somos levados a um reino exterior, mas àquele lugar supremo em nosso íntimo onde, em última análise, tudo está bem e toda a negatividade é transformada. Esse lugar é a câmara secreta do coração – eterna, sublime e absoluta na convicção de seu Amor. Pois aí é a sede da alma, reflexo do grande coração do Cosmos.

Como um projeto cósmico, a Atlântida foi projetada para trazer estados superiores de consciência a um nível vibracional diferente e a uma perspectiva totalmente diversa da criação cósmica. E, durante aquele período, como agora, Rafael ajudava nas constantes flutuações dos raios oriundos da galáxia. Essas forças poderosas penetravam a densidade do tecido e da atmosfera da Terra a fim de possibilitar o predestinado encontro entre a Terra e o Divino, bem como o cumprimento de uma antiga profecia. Pois o plano era que, por uma série de forças divergentes, porém capazes de se conectar entre si, ocorresse uma fusão bem-sucedida, cujo nível mais extremo seria a natureza da dualidade – em que nada é singular, tudo é plural – e, assim, mediante a natureza da biodiversidade da Terra, o planeta desenvolvesse seu próprio relacionamento específico com a força criativa do Cosmos.

Quando rogamos a Rafael que nos cure, somos não apenas curados, mas também sintonizados, em um nível vital, à frequência do puro fluxo do Universo. Pois Rafael irradia eternamente um raio esmeraldino de inspiração em seu cuidado amoroso do mundo natural, de todos os seres humanos e de toda a vida senciente, bem como, é claro, do planeta em si. Afinal, somos da Terra, nossa natureza espelha a Terra e é para a Terra que nossa psique regressa quando a encarnação termina.

Desse modo, a existência de Rafael nos incentiva ao desenvolvimento daquela rara comunhão entre o planeta e nossa natureza terrena. Nesse sentido, curar significa que nós mesmos nos purificamos ao longo dos ciclos de evolução determinados pela posição de nosso planeta na Galáxia. Pois essa área localizada do Cosmos também está em perpétuo crescimento, para que se realize o plano de Deus. Nesse contexto, vemos esse Anjo Esmeraldino como o raio de cura que irradia do grande Deus e da grande Deusa no centro da Fonte.

Desde tempos imemoriais, a esmeralda é apreciada por suas propriedades místicas e está mergulhada em tradição arcana. Na Bíblia, em uma referência ao Trono de Deus, está escrito que ele é feito exclusivamente de esmeralda. No Egito, o Deus Thoth persuadia seus sacerdotes-escribas a escrever o texto sagrado do *Caibalion* sobre tábuas de esmeralda.

A esmeralda propicia unidade entre os opostos, traz paz aos conflitos e resolve as desavenças, afasta o homem do crime e atrai a natureza curativa da força una e única. A cor verde da esmeralda é refletida no quarto chacra, o chacra cardíaco, *Anahata*, e revela, de maneira muito significativa, a sagrada intenção por trás da denominação dos CURADORES na Atlântida. Pois a vibração do verde esmeraldino nivela, acalma, relaxa, promove a harmonia e mantém a energia mental e física em um equilíbrio dinâmico. O verde é basicamente a vibração de cor sintonizada à harmonia do mundo natural e ao bem-estar dos reinos dévicos.

A Congregação dos Curadores

Na Atlântida, as asas de Rafael, constituídas da luz de seu Orbe, predominavam sobre a denominação dos Curadores. Essa coletividade admirável era regida pela grande Sacerdotisa-Cientista do Atla BASTET (geralmente conhecida como SEKHMET no antigo Egito), cujo Templo era feito exclusivamente de esmeralda, concentrando harmonia entre suas paredes e produzindo uma aura reluzente, que se estendia por uma vasta área do território da congregação. Essa harmonia estabilizava a ciência da holografia, permitindo que a luz fosse registrada quando filtrada de um objeto e, então, reconstruída, uma vez que o objeto já não estivesse ali. Grande parte da tecnologia atlante foi criada por essa ciência, usando luz, cor e cristal para comunicações, viagens, construção e armazenamento de informação.

Perto do fim da Atlântida, Bastet levou o povo de sua congregação à África Central, para a exuberância das florestas tropicais existentes, à época, em redor da parte inferior do Rio Nilo. Nessas áreas, os membros do Sacerdócio passavam boa parte de seu tempo em meditação e em atividades de cura, pois o planeta havia passado por várias perturbações terríveis durante a grande resolução conhecida como o "fim da Atlântida", de modo que a malha planetária estava em severo desequilíbrio.

BASTET – A Sacerdotisa-Cientista do Atla

A Deusa Bastet-Sekhmet, com sua cabeça de Leoa, era largamente conhecida no Antigo Egito. De fato, os felinos em geral eram considerados animais sagrados e, no período tardio daquela antiga civilização, os médicos usavam a figura do gato preto como motivo simbólico para representar suas artes curativas. A energia de Bastet era associada à fertilidade, ao parto, à benevolência, à intuição, ao casamento e, obviamente, à cura.

Por outro lado, existem outras histórias que retratam Bastet como uma leoa guerreira, agressiva, vingativa e selvagem, e há escritos que dizem que seu hálito era de fogo e criava as areias do deserto.

Em última análise, a tradição atlante via a natureza da Suma Sacerdotisa Bastet/Sekhmet como uma força niveladora que promovia equilíbrio e harmonia e, se você contemplar com atenção o grande poder curativo do ícone de Rafael no início deste capítulo, talvez se pergunte que tipo de energia de cura você possui.

As perguntas a seguir podem fazer com que a natureza da energia de RAFAEL percorra seu ser:

1. Você está aberto(a) à grandiosidade da cura holística?
2. Você consegue sentir paz e tranquilidade fluindo em você?
3. Seu amor sempre guia sua natureza?
4. Você está respeitando os equilíbrios e limites de sua vida?
5. Você se dispõe a estar em profunda comunhão com a natureza?
6. Você purifica seu corpo, sua mente e sua alma regularmente?
7. Você quer que seu ser seja cheio de empatia pela vida que você percebe à sua volta?
8. Você consegue usar sua intuição para equilibrar as dualidades da vida?
9. Sua vida é purificada com a beleza de seu amor e do Universo?
10. Sua intenção quer entremear-se com os ciclos da natureza?
11. Sua vida está aberta à beleza e à riqueza da Mãe Divina?
12. Você se abre com regularidade à dádiva do amor?

Templos de Cura

Na Grécia e na Roma antigas, o equilíbrio e a harmonia do corpo e do espírito eram importantíssimos, e o papel da grande Bastet passou a ser venerado na forma de ATENA, na Grécia, e de MINERVA, em Roma. Em tempos de guerra, Atena regia as batalhas e, em tempos de paz, governava as artes curativas e domésticas, assim funcionando, de uma perspectiva arquetípica, como uma inspiração ao equilíbrio entre mente e coração – em todas as situações e, em especial, naquelas de natureza emocional.

Na Atlântida, o Templo central de cada congregação era fundamental, pois concentrava a natureza da energia da comunidade inteira. No entanto, havia também outros templos de cura, criados a partir da magia e do encanto produzidos pela própria natureza em suas formações de florestas, rochas, lagos e terras. Nesses locais sagrados, a intenção de venerar e celebrar era produzida pela criação de uma unidade entre a química natural dos elementos, como no corpo humano, e a vibração sagrada do Divino.

Esses Templos naturais eram numerosos e destinavam-se a uma imersão diária nas energias necessárias para estabilizar a imunidade e propiciar um alegre bem-estar. Eles eram estabelecidos em convergências de linhas de Ley, onde cursos d'água entremeavam suas energias e a matriz energética da Terra criava interstícios de poderosa conexão. Esses pontos eram transbordantes de amor e, por isso, geravam curas perfeitas para o povo atlante, que recebia as energias curativas em seu corpo como se fossem canais por excelência, tanto de emanações do centro da Terra como dos limites exteriores do cosmos.

Cada um dos Templos sagrados estabelecidos dentro do centro das 12 denominações era construído em formato circular, refletindo o princípio feminino divino da inclusividade e usando antigos princípios de geomancia. Essa arte explora o reino em que a consciência humana trava diálogo com o espírito da Terra, além de fortalecer a harmoniosa interação entre uma pessoa e um lugar, o que potencializa o crescimento espiritual em todos os níveis.

O interior de cada templo era todo cravejado de pedras preciosas e semipreciosas, sobretudo daquelas alinhadas com os raios do Arcanjo a que eram dedicados, como no caso dos Raios Esmeraldinos de Rafael. No centro de cada Templo ficava o Crânio de Cristal de cada congregação, com uma cumeeira de cristal de Quartzo que ancorava a força intergaláctica.

Esses poderosos cristais auxiliavam as pessoas que viviam dentro de cada congregação, produzindo energia que compatibilizava as oscilações entre o sagrado e o profano, entre o celestial e o terreno, com uma intenção harmoniosa. Esses cristais de "cumeeira" eram enormes, o que lhes possibilitava armazenar o fluido cósmico que estimulava a consciência de cada Templo.

A manipulação desses cristais incríveis, bem como a orientação de que cristais deviam ser usados em cada construção, era de responsabilidade de Sacerdotes especiais, com a função de Guardiões dos Cristais. Além disso, tais cristais eram posicionados de modo a refletir os quatro elementos naturais, da seguinte maneira:

NORTE – TERRA
OESTE – ÁGUA
LESTE – AR
SUL – FOGO

Cada elemento se alinhava com a sinfonia das gemas mantidas dentro de cada Templo. Elas amplificavam as ondas de som, luz e cor, vitalizando as pessoas que participavam dos cultos e movimentando a vida dos membros queridos da congregação que viviam no exterior. Imagine o som de fontes de água corrente, sinos dos ventos, cristais vibrando determinados harmônicos, grandes tigelas de incenso queimando e produzindo aromas exóticos, e você terá um vislumbre do que era o depurado ambiente de cada Templo.

Cristais são sons solidificados, formados, milênios atrás, pela fusão de elementos em alta temperatura. Uma vez resfriados, os cristais desenvolveram vibrações que eram transmitidas à Atlântida pela inteligência do conselho intergaláctico. Pois, veja bem, os cristais têm consciência e possibilitam a manifestação de intenção no plano tridimensional ao amplificar o pensamento central.

Som, cor, cristais e água eram tidos pelos atlantes como alguns dos principais componentes de seu sustento espiritual. Cada um deles era dotado de uma pureza sutil diretamente congruente com a forma humana, permitindo que as vibrações superiores da espiritualidade cósmica banhassem, sem obstáculo, o corpo físico dos fiéis. Por sua vez, a força das congregações também era aumentada pelos rituais lunares, solares e das estações do ano, os quais eram observados e celebrados.

À medida que a Atlântida evoluía, aumentavam também as necessidades das pessoas, e Rafael inspirava e auxiliava a evolução de tais mudanças, ajudando sobretudo na criação de Templos sagrados de Cura Sonora. As dimensões dessas maravilhosas estruturas priorizavam a acústica, que refletia a geometria sagrada de cada construção. Se a al-

---

N.E.: No original, o autor se baseia no Hemisfério Norte, onde:
Norte = Ar, Oeste = Água, Leste = Fogo e Sul = Terra.

tura e o comprimento da construção fossem proporcionais, criava-se uma ressonância acústica específica, alinhada com essa geometria arquitetônica. Isso é algo que podemos ver, hoje, em muitas de nossas catedrais medievais na Europa, estruturas que foram construídas com base em princípios semelhantes de geometria sagrada, herdados e transmitidos pelos maçons desde tempos imemoriais e utilizados, pela primeira vez, na Atlântida.

Em cada um desses inigualáveis templos de cura da Atlântida construiu-se um portal no teto. Essa passagem permitia a entrada de raios cósmicos que influenciavam nas atividades de cura realizadas ali, tais como cirurgias psíquicas, regeneração de energia celular e reequilíbrios internos para tonificar o corpo físico como um todo. Tais raios também eram amplificados pelas maravilhosas vibrações produzidas pelos cristais, sintonizando o corpo etérico, o que regulava a atividade dos chacras, propiciando paz, harmonia e equilíbrio ao denso corpo físico.

A sabedoria da medicina preventiva atlante, corroborada pelo uso de remédios à base de plantas e aromas, era semelhante às artes contemporâneas de cura da Ayurveda, Naturopatia e Homeopatia. A diferença é que os atlantes usavam essas técnicas eficazes para elevar sua bioquímica, ao passo que nós costumamos usá-las para eliminar toxicidade.

Os valores da congregação dos CURADORES podem ser vistos como:

1. A crença no poder curativo da natureza e do corpo humano;
2. O desejo de gerar paz e harmonia interior e, em consequência, exterior;
3. A capacidade de ser comedido e sensível na busca pela integridade de toda a vida senciente;
4. Um desejo de encontrar pureza de propósito e clareza de direção em todas as coisas naturais;
5. Um anseio pela liberdade da evolução como um processo natural no Universo;
6. Um reconhecimento profundo da total inclusividade da natureza do holismo;
7. Um forte desejo de ser orientado por sua própria natureza interior e eu superior;

8. A propensão de trabalhar, com empatia, pela cura dos outros;
9. Uma profunda percepção da comunhão existente em todas as criações divinas;
10. Um interesse abrangente pelas artes da purgação, purificação e transcendência;
11. Um grande interesse na busca pela beleza enquanto emanação do Divino;
12. Uma ampla compreensão das curas que podem ser promovidas a partir da força da Terra e do poder do Cosmos.

Uma História sobre o Anjo Rarael

Algum tempo atrás, a caçula de uma família real europeia veio até mim com uma recomendação de consulta. O pedido era a realização de Cura Sonora Angelical, e foi feito por um membro muito cauteloso da família, uma pessoa que conheci por acaso. Fui informado de que os membros mais velhos daquela família estavam muito preocupados com os desafios enfrentados pela jovem Letizia, que parecia ter se afastado da família.

Quando conheci Letizia, descobri a dimensão de seu problema: ela confessou que vinha usando cocaína havia muito tempo. Ela fazia uso da droga para sustentar seus níveis de energia, pois se sentia cronicamente deprimida.

Em nossa primeira conversa, por telefone, incentivei Letizia a abandonar o vício da cocaína, recomendando um maravilhoso psicoterapeuta que eu conhecia e que trabalhava em uma famosa clínica norte-americana de recuperação. Eu já havia encaminhado muitos jovens para esse terapeuta, e também havia notado que o vício em álcool e drogas era uma constante em meio a muitos adolescentes que eram levados para se aconselhar comigo. Letizia concordou plenamente com essa intervenção e foram tomadas as providências para que ela entrasse em contato com aquela clínica maravilhosa nos Estados Unidos. Dirigi orações poderosas a Rafael para que a cura de Letizia fosse abundante e permanente.

Dois meses depois, quando nos encontramos, Letizia estava radiante, sustentada por um regime de saúde que lhe havia sido recomendado por um bom nutricionista que ela conhecera na clínica. O tratamento havia curado sua dependência química e a energia de Letizia conectava-se magneticamente com o Raio Esmeraldino profundo de Rafael, o Curador. Quando fiz esse comentário, Letizia me contou uma experiência que tivera e que a persuadiu a seguir as recomendações que lhe tinha feito.

Após nossa primeira conversa, estando Letizia ainda em Madri, em dada ocasião, a jovem estava andando freneticamente por seu apartamento, à procura de cigarros e dinheiro para comprar cocaína, quando, de repente, notou uma luz verde irradiando de seu coração. Embora Letizia nunca tivesse vivenciado fenômenos sobrenaturais antes, ela disse que se sentiu tocada por aquela energia, carregada de uma tranquilidade tão pura que a jovem se colocou de pé na luz do sol que entrava por uma janela, sentindo os raios cálidos penetrarem o seu corpo, e isso a inundou com uma sensação de saúde, conexão sagrada e consciência de sua própria beleza – ainda que seu comportamento autodestrutivo tivesse sabotado sua beleza por algum tempo.

Por vários instantes, Letizia sentiu que seus "traumas de abandono" haviam evaporado por completo e que ela era incondicionalmente amada por uma incrível força celeste que ela descreveu como Angelical. Era a energia mais pura que a jovem já havia sentido.

Enquanto Letizia me contava essa história, vi sua aura ser totalmente inundada por uma luz verde esmeralda que tocava seu coração e alimentava seu corpo. Percebendo que se tratava de Rafael, logo agradeci muito por aquela ministração amorosa do grande Anjo de cura da Atlântida. E, até hoje, Letizia é sustentada pela abençoada cura promovida por Rafael, em conjunto com o trabalho incrível da equipe da clínica de recuperação.

Esta é a uma oração que recomendei a Letícia para cristalizar a presença de cura de Rafael em sua vida e, portanto, ela também pode funcionar bem para você, caso peça a poderosa cura promovida por esse Anjo grandioso:

Uma Oração para o Anjo Rafael

Ó, Arcanjo Rafael,
  Peço-te o Maná de teu Divino Amor, que flui de Deus, o Infinito, a partir de ti.

Abençoa-me com tua fé, purifica-me com teus raios de cura e permite que eu seja um canal de cura divina, para que eu possa servir amorosamente a comunhão da coletividade.

Por favor, ensina-me como ser constante no amor ao deparar todo o tipo de negatividade.

Peço, por favor, elimina o medo que exsuda de minha sombra ou da sombra coletiva de meus irmãos e irmãs, para que eu possa transformar toda dificuldade e me tornar um vaso do Amor de Deus.

Que assim seja.
Amém.

Uma Afirmação Diária para Atrair a Força de Rafael

Que eu tenha saúde
Que eu leve uma vida pura
Que eu seja lavado do medo
Que eu viva em paz

Meditação para Tornar-se Um com a Presença de Rafael

1. Encontre um espaço sagrado para você, seja em contato com a natureza, ou seu próprio quarto de meditação;
2. Acenda uma vela, queime óleo de lavanda (o perfume ou essência de Rafael) e coloque música ambiente para tocar, a fim de consagrar o espaço com uma intenção pura e amorosa;
3. Tendo consagrado o espaço, respire sua intenção de estar na presença de Rafael pelo espaço e, se você tiver uma Esmeralda ou Malaquita, segure-a na mão ou, se estiver deitado(a), coloque-a sobre seu coração;
4. Alinhe a coluna, forme um *mudra*, unindo a ponta do polegar com a ponta do indicador. Sinta sua presença plenamente vigilante, quer você esteja sentado(a) ou deitado(a);

5. Respire profundamente, fazendo com que o ar-luz percorra todo o seu ser. Sinta SILÊNCIO, SOLIDÃO E QUIETUDE – a última nutrirá sua alma;
6. Respire profundamente e entoe OM sete vezes, a partir de seu chacra cardíaco. Isso atrairá a presença de Rafael para seu campo energético;
7. Descanse e perceba que uma força pura irradia de seu coração ao espaço à sua frente, cobrindo uma distância de pouco mais de dois metros. À medida que sua força se intensifica, imagine um belo Orbe de luz ESMERALDA surgindo na extremidade do raio de luz de seu coração. Essa é a força do Anjo Rafael. Em seguida, descanse e ouça os sussurros oraculares da mágica presença desse Anjo, sussurros que são repletos da força da cura, de empatia e purificação. Enquanto medita, você sentirá a luz celestial das energias dos reinos arcangélicos de sétima dimensão amando e curando sua vida.

Namastê

"Perceber o mistério dos Anjos é tocar a alma do céu"

SETE

Anjo Raziel

Como a misteriosa Pirâmide de Gizé e sua enigmática Esfinge, o Anjo Raziel permanece em vigília, em sua função de sagrado Guardião do Portal do tempo, postado à entrada do Salão dos Mistérios – o salão da maravilha divina – que contém o registro efetivo da vontade eterna e da máxima sabedoria de Deus.

A antiga tradição Cabalística aponta Raziel como o Anjo Guardião da Iluminação que, de pé sobre o Monte Horeb, proclama os segredos dos homens a toda a humanidade e emite um raio iridescente repleto de amor e misericórdia. De fato, os raios fulgurantes de Raziel levam conhecimento a todos os seres, guiando o destino de cada alma ao longo de cada encarnação. Por isso, Deus atribuiu um papel muito especial ao Anjo Raziel – ser agente das regiões secretas e guardião do conhecimento supremo da alma. Raziel traz consigo um grimório de sabedoria divina em um raio de luz violeta, e o crisol da vida eterna, a bruxulear em outro raio.

O Anjo Raziel é conhecido por dar a Adão o Livro do Conhecimento, depois que este e Eva haviam comido da Árvore do Éden, o que deu causa à expulsão do casal. Outra tradição hebraica sugere que esse ato despertou grande aversão nos outros Anjos, companheiros de Raziel, e eles tomaram o livro de Adão, atirando-o no oceano. O Todo-Poderoso, então, restituiu o livro encharcado a Adão, por intermédio do Deus Netuno, sobre o qual falaremos mais adiante, neste capítulo. Por seu ato, Raziel caiu nas boas graças de Javé, que colocou o Anjo do lado esquerdo de Sua Presença.

A Congregação dos Guardiões dos Mistérios

Com essas atribuições especiais, o Anjo Raziel regia a congregação atlante dos GUARDIÕES DOS MISTÉRIOS, cujo Templo era governado por um dos grandes Sumos Sacerdotes – ANÚBIS, que era encarregado da glória da morte. A vida humana era vista como uma pequena parcela da existência cósmica, encarnada com o intuito de viver como pensamento manifestado em um domínio planetário constituído na forma de um contínuo de espaço-tempo antes de retornar à natureza eterna da consciência – o reservatório universal de inteligência cósmica.

O templo dos Guardiões dos Mistérios era uma construção circular abobadada, com paredes internas brancas incrustadas de obsidianas, pedras da lua e cristais de quartzo. Esses poderosos cristais transformadores ficavam posicionados de modo a desenvolver e fortalecer os dons intuitivos e psíquicos dos que viviam no território da congregação e elevar os incríveis rituais realizados diariamente, em especial a cada Lua Cheia e Lua Nova – para ajudar na evolução dos dons espirituais de que eram dotados os habitantes dali. Esses rituais permitiam que todos concebessem a infinitude em si mesma.

Néftis, a Deusa da Lua, era reverenciada na Atlântica, não apenas como uma luz na escuridão ameaçadora que é a vida na Terra, mas também porque ela regia as águas do planeta e auxiliava na supercondutividade dos sentimentos. De fato, Néftis geralmente regia o trabalho dos Sacerdotes e Sacerdotisas do Templo, que desempenharam um papel importante nas transições ocorridas durante a evolução da Atlântida, e sua atuação foi mais efetiva perto do fim daquele experimento cósmico. Esses santos e santas tinham o formidável dom da sabedoria oracular, vendo todas as coisas em um piscar de olhos, de modo que cada ser vivo estava nu diante deles.

ANÚBIS E NOÉ – Sacerdotes-Cientistas do Atla

Perto do fim da Atlântida, profecia após profecia revelou o caráter do iminente cataclismo, e o Sumo Sacerdote Anúbis, juntamente com o Anjo Raziel, deu a um dos Sacerdotes, chamado Noé, informações que o ajudariam no projeto de construção de uma Arca. Noé era um grande Avatar e sabia como invocar o espírito dos elementos, o espírito das árvores e outros seres dos reinos elemental e vegetal. Esses espíritos estavam unidos a ele e a maturidade de sua alma lhe dava poderes especiais de se comunicar com o mundo natural. Portanto, os espíritos realizavam certas funções, ao comando de Noé.

A história bíblica sobre as "proezas" de Noé atesta isso. Ela registra que Noé foi um dos patriarcas antediluvianos que viveu por centenas de anos e, à época do grande cataclismo, levou boa parte da vida natural do grande continente, sobretudo da vida animal, a um grande navio que estava destinado a encontrar a liberdade de um novo mundo.

Esse novo mundo prometia ser isento das principais dificuldades enfrentadas pela Atlântida durante seus "tempos finais" – uma era que testemunhou o abuso do poder político, uma engenharia genética que corrompeu o DNA de 12 hélices da forma humana, Sacerdotes que abusaram do poder do Grande Tuaoi mediante o uso de seus dons psíquicos, e uma negatividade coletiva que abriu uma fenda nas camadas sutis da matriz planetária. Isso foi tão nocivo, que serviu para criar uma distorção das 12 Leis originais do Universo.

Quando os violentos terremotos, *tsunamis* e erupções vulcânicas enfim cessaram, Noé levou sua carga sagrada para uma área que hoje conhecemos como Mesopotâmia. Então, os Sacerdotes de Anúbis conduziram os membros da congregação dos Guardiões dos Mistérios para dois dos mais poderosos centros energéticos da Terra: o Monte Kailash, no Tibete, e as regiões setentrionais do Egito, lugares onde muitos dos antigos registros da Atlântida ainda são mantidos em esconderijos mágicos. Agora, esses mistérios estão, aos poucos, penetrando a consciência dos seres humanos, neste momento de grande mudança, em que ocorre a Precessão do Equinócio.

Ao trazermos Raziel para nossa vida por meio de louvores e pedidos afáveis, quando nos fazemos presentes à mágica sensibilidade desse Anjo, também nós começamos a sentir o poder dos mistérios permeando nosso ser. Eles dão entusiasmo a nossa vida, propiciando sensibilidade extrassensorial e a revitalização de nossos dons psíquicos. Assim, telepatia, visão remota, percepção das formas elementais de vida, observação dos contornos aéreos e terrestres criados pelas linhas de Ley da matriz planetária e consciência do caráter conjugado do contínuo de espaço-tempo: tudo isso começa a acontecer.

Talvez você já tenha notado a sondagem que sua consciência faz ao observar processos mágicos como sincronicidade e fenômenos psíquicos. Um dos mais comuns é o súbito aparecimento de penas no seu caminho, pois muitos de nossos irmãos e irmãs veem os Anjos como seres humanos munidos de asas. Com toda a simplicidade, o terreno espiritual para além daquele que você percebe como "material" se expandirá, ampliando os panoramas de sua consciência, e a profundidade do espaço exterior ultrapassará a perspectiva que você tem dele, pois passará a ser visto como real, e de uma posição de certeza indubitável.

Essa "visão" melhorada permitirá que você perceba seus dons divinos pulsando em cada instante de sua vida, despertando aquela parte mais profunda de sua alma, que desvela a própria natureza de seu espírito e o campo de criação que você vê fora – o grande reino da infinitude. Esse é um lugar de grandes aventuras, onde Raziel nos conecta a um canal de eternidade que leva nossa alma a um julgamento sublime, o bálsamo da cura que conhecemos como o amor que tudo abrange. Essa presença nunca enfraquece – fomos nós que nos distraímos pelos anos e anos em que nos ocupamos do que é denso, onde os paradigmas da intelectualização e comercialização suplantam o preternatural.

Raziel nos leva ao núcleo de nossa alma, e o visionário poeta William Blake nos faz recordar que:

Para ver um Mundo em um Grão de Areia
E um Céu em uma Flor Silvestre,
Segura o Infinito na palma da mão
E retém a Eternidade em uma hora.

Quando era criança, Raziel foi uma presença constante em minha vida, sobretudo durante minha introdução ao Cristianismo na igreja de St. James, Piccadilly, Londres. Essa igreja abriga uma força espiritual muito rara, produzida pela união de geometria sagrada, arquitetura geomântica, convergências de linhas de Ley e um curso d'água sagrado.

Esse era o templo de som que Christopher Wren mais amava. Ele foi construído em 1684, após o grande incêndio londrino de 1666, quando Wren foi contratado para reconstruir grande parte da cidade. Sobre essa igreja, Wren comentou que era "minha câmara acústica favorita, depois da St. Paul".

Muitas pessoas famosas foram batizadas na pia de mármore da igreja St. James, dentre elas William Blake, poeta e visionário, e, ainda muito pequeno, eu vi sua presença ali, de modo que, ao atingir uma idade que me permitia compreensão, li avidamente suas obras e, com muito carinho, estudei suas belas ilustrações e pinturas. As conotações da instrutiva criatividade de Blake e os mistérios de Raziel unem-se em uma parcela considerável da produção criativa do poeta, na qual seus profundos ensinamentos sobre a vida estão repletos de observações do mundo sobrenatural. Blake viveu durante a era que hoje conhecemos como Período Romântico, quando a industrialização começava a conspurcar a beleza do mundo natural, que sempre fora visto como um reflexo do sopro e do espírito de Deus. As linhas de Blake, a seguir, ilustram isso:

> *Somos levados a crer em uma Mentira*
> *Quando não vemos pelo Olhar*
> *Que nasceu em uma Noite para Perecer em uma Noite,*
> *Quando a Alma Dormia em Raios de Luz.*

Ao passo que, se pudermos ao menos nos ater firmemente à convicção de que:

> *Aquele que Duvida do que vê*
> *Jamais acreditará, faça o que Fizer.*

*Se o Sol e a Lua duvidassem
Haveriam logo de apagar-se.*

Creio que, hoje, estejamos recobrando o fascínio pela natureza da presença de Raziel. Esse Anjo maravilhoso acaba com todas as dúvidas, pois Raziel é enlevado pela própria fonte da criação de Deus e nos pede para prometermos que toda experiência venha da crença nos mistérios sagrados. Isso assegura a consciência de Deus em nosso íntimo, pois Raziel guarda a câmara secreta de nosso coração, sabendo que, quando escolhemos mergulhar na magia da vida, os véus da ilusão se abrem, e o que é revelado desafia a mente racional; afinal, passamos a ver a vida verdadeiramente como uma força infinita. Então, a experiência da vida se funde ao conhecimento do além-vida, e a intuição se transforma em consciência. A partir daí, Raziel nos conduz aos Salões da Verdade, governados por Maat, a Deusa da Verdade, e Anúbis, o Deus do Além-Vida.

Faça-se as perguntas a seguir e as respostas indicarão se a natureza da energia de Raziel transita plenamente por sua vida. Quando você rogar a Raziel, a força desse Anjo resplandecente logo o ajudará a transformar sua vida:

1. Estou aberto(a) a acreditar na magia e no mistério da criação?
2. Sou capaz de perceber a profundidade de minha intuição?
3. Minha alma ou eu superior guia minha vida cotidiana?
4. Estou respeitando e celebrando os ciclos da natureza que determinam a vida do planeta e do Cosmos?
5. Tenho consciência dos frutos de minha própria percepção mágica?
6. Com que frequência eu medito e levo em consideração o poder da interiorização?
7. Em que ocasiões eu trago uma percepção do infinito para meu dia a dia?
8. Consigo usar minha intuição para me aprofundar na compreensão da natureza humana e dos mistérios da vida?
9. Minha vida é guiada pela fé na bondade, na verdade e na sabedoria?
10. Minha consciência deseja servir meus irmãos e irmãs?

11. Minha mente está aberta à possibilidade de uma reestruturação completa de minha realidade?
12. Cuido de criar diariamente um equilíbrio entre minha mente racional e minha mente intuitiva?

Einstein disse:

> *A mente intuitiva é uma dádiva sagrada; a mente racional, uma serva fiel. Criamos uma sociedade que honra a serva e se esqueceu da dádiva.*

E, apesar disso, se pudermos nos abrir à convicção essencial de que Raziel está presente em nossa vida para nos ajudar a equilibrar o interior e o exterior – tal como o Sumo Sacerdote Anúbis ensinava a união entre os aspectos consciente e inconsciente da vida humana – passamos a uma compreensão mais ampla de nosso amor, da nossa inteligência espiritual, e do caminho que nossa alma deseja que trilhemos a fim de otimizar nossa energia criativa para a criação de um paraíso repleto de oportunidades extraordinárias.

Anúbis e a Cura

No antigo Egito, acreditava-se que Anúbis, como o Senhor do Além-Vida, tivesse dotes especiais de cura. Por exemplo, quando um espírito humano desencarnava, ele era convocado aos Salões da Verdade e do Julgamento, para que o coração do morto pudesse ser pesado e seu peso comparado ao peso de uma pena, diante de Osíris e Maat. Se o coração se revelasse mais pesado que a pena, uma criatura chamada Ammut surgia e devorava o coração. Caso o coração fosse mais leve, provando a integridade de uma vida repleta de amor, Anúbis ofereceria sua companhia ao espírito em transição, que seria, então, levado por Osíris ao paraíso.

De fato, qualquer um de nós que já tenha passado pela "longa noite escura da alma" lembra-se da pessoa que se fez presente em nossa dificuldade, aquela que se assemelhava a Anúbis. A pessoa amiga que ficou ao nosso lado, dando seu apoio incondicional enquanto desabávamos nas profundezas de nosso caos emocional, qualquer que tenha sido o lugar ou a situação em que a escuridão ficou mais intensa. E, assim como a hora mais escura é a que precede a aurora, nós nos sentimos amparados por seus *insights*, ainda que viéssemos a compreender totalmente suas lições muito mais tarde, na vida.

Raziel e Anúbis prenunciam cura, pois sempre propiciam uma passagem segura, em especial quando vivenciamos a morte de um aspecto da vida que já não nos é útil. E isso acontece de fato quando percebemos que é chegada a hora de abandonar comportamentos limitantes. Realmente funciona quando é o momento de olhar para si mesmo(a) como uma pessoa expansiva e emancipada. E a passagem se abre ao reconhecermos quem somos em um nível quântico da alma. Pois, nesses momentos, descobrimos uma capacidade infinita de curar e transformar nossa vida. Assim, ser inundado(a) pela energia de Raziel e Anúbis significa abrir-se às fendas profundas dos sentimentos que são mantidos debaixo d'água, no submundo, logo abaixo da superfície, onde o sentimento vive como a linguagem da alma.

O Deus Grego Poseidon

Na Grécia antiga, os domínios do oceano refletiam o inconsciente do homem e os mistérios do corpo emocional. Tais forças eram mantidas no fundo do mar de energia formado pelas lágrimas da Mãe Terra, e o Deus Poseidon, enquanto manifestação de Anúbis, governava a emocionalidade dessas profundezas oceânicas.

Os oceanos de nosso planeta refletem o transbordamento de nossos estados emotivos e o dilúvio de nossos sonhos que, em sua imensidão aquosa, dão vazão às emoções e lembranças da vida. A uma profundidade ainda maior ficam as regiões mais escuras, que abrigam criaturas primevas e miríades de formas conhecidas como o inconsciente coletivo, regido pelo Deus Poseidon, na Grécia, ou o Deus Netuno, em Roma. Em regra, esses seres poderosos eram retratados reagindo com emoções violentas e por meio de monstros primitivos e, sempre que provocados, expressavam-se mediante terríveis terremotos e desastres naturais que suplantavam as atividades do homem, dando impulso a novos crescimentos.

Poseidon existia como um arquétipo do qual também podia jorrar um reino psicológico de grande profundidade e beleza que produzia criatividade. Como escreveu William Blake:

> *Em que oceanos ou céus longínquos*
> *Ardia o fogo de teus olhos?*

O reino de Poseidon inflama a pessoa que está em contato direto com suas emoções e sentimentos, pois quem expressa sentimentos de forma imediata, direta e espontânea exulta na pulsação e respiração da vida. Por outro lado, o introvertido também pode acalentar sentimentos profundos, que aguardam expressão até que se busque a cura da situação, por meio da abertura das comportas. Em ambos os casos, Poseidon promove interações profundas e intensas com a vida, instigando questionamentos que revelam os mistérios da paixão, da intuição, do amor e da fé – e, em um mundo emocionalmente reprimido pelos excessos do patriarcado, a emoção humana tem raras oportunidades de enunciar sua verdade, até o momento em que reivindicamos seu poderoso direito de viver.

Os valores da congregação dos GUARDIÕES DOS MISTÉRIOS podem ser vistos como:

1. A crença na sabedoria dos sonhos e da intuição;
2. Um desejo de isolamento para estudar a alma e refletir sobre ela;
3. A capacidade de buscar convicção, fé e confiança como expressões do amor profundo;
4. Convicção na evolução eterna da alma ao longo da vida;
5. Um anseio de comunicar a essência da espiritualidade que se vive;
6. Um profundo reconhecimento pela santidade da vida em todas as formas animadas;
7. Respeito pelos rituais que nos permitem vivenciar o santuário de nossa alma, em graça e verdade;
8. Uma forte crença no mistério do amor e o desejo de pulsar com seu entusiasmo;
9. Um respeito amoroso pelo ministério e atuação da comunhão angélica;
10. O desejo de descobrir os segredos de Deus na natureza humana;
11. Uma maneira de viver os princípios da fé na Vontade Divina;
12. Uma busca por aquilo que sustenta a busca pelo máximo bem em todas as coisas;

Uma História sobre o Anjo Raziel

Muitos anos atrás, uma cliente um tanto admirável pediu para fazer uma Regressão a Vidas Passadas. Essa cliente era uma célebre relações-públicas da América do Sul e, embora tivesse um negócio muito próspero na cidade de Nova York e em Londres, ela também era dotada de uma forte consciência do espírito da vida e sabia da possibilidade da reencarnação. Assim, ela buscava avidamente por informações sobre todos os aspectos da jornada de sua alma.

Valéria tinha um sonho recorrente bastante intenso e, apesar disso, toda vez que ela vivenciava esse sonho lúcido profundo, o modo como ele acabava era sempre vago e incerto, deixando a sensação de ser separada de algo querido e de grande valor. O cenário do sonho era espetacular, relacionado a um campo de atividades que ela tinha a impressão fossem do futuro ou de uma civilização passada que possuía tecnologia avançada, mas era diferente de tudo que os livros de história afirmam existir.

Nesses sonhos, Valéria experimentava a forte sensação de estar planando em uma aeronave, mas, sabendo que os antigos gregos não tinham veículos que trafegassem pelo ar, estava intrigada com o fato de, no sonho, usar roupas semelhantes àquelas retratadas nas ânforas gregas da Antiguidade.

O sonho parecia acontecer sempre por volta do período da Lua Cheia, e Valéria estava ansiosa para fazer a regressão e contornar sua mente consciente, que ela sentia estar interferindo em sua intuição, em consequência das responsabilidades de seu trabalho agitado. Ela realmente desejava trazer à tona as antigas lembranças que estavam guardadas no fundo de seu inconsciente.

Começamos por um relaxamento profundo, usando *pranayama* e processos de visualização interior, a fim de liberar as tensões de todas as partes de seu corpo. Valéria logo mergulhou em estados alfa que a levaram a um estado profundo de consciência teta – a área de nossa consciência em que acessamos a hipnose. Do mesmo modo, era fundamental incentivar uma intenção específica para estimular seu inconsciente – algo semelhante a usar um mapa para viajar por um terreno de lembranças, e isso ajuda a guiar a pessoa pelas paisagens de milhões de pensamentos.

Valéria viu-se de pé em uma grande estrutura redonda abobadada, totalmente branca, salvo pela aparência brilhante de uma miríade de joias incrustadas nas paredes e no teto. Ela as via como luzes cintilantes, refletindo os refulgentes raios de luar que se derramavam como colunas de luz por uma abertura central no teto da construção. As luzes assemelhavam-se a velas acesas, mas mostravam cores diversas e, embora apenas o brilho da lua entrasse ali, cada luz parecia animada por uma força diferente.

No centro desse amplo espaço, que, de algum modo, ela sabia ser um Templo de Cura, havia um cristal de Obsidiana de três metros de altura, cercado por outros cristais de Quartzo, como se fossem as várias partes de um todo. Ela também notava que cada cristal emitia tons belíssimos, criando uma sinfonia maravilhosa que preenchia o espaço e era a alma mesma do Templo. Incenso de flor de violeta queimava, perfumando o ar com um aroma tão inebriante, que potencializava sua capacidade de ver tudo à sua frente como uma realidade psíquica.

Havia três Sacerdotes de pé no centro. Eles vestiam longas túnicas de algodão branco, também adornadas com pequenas obsidianas, pedras da lua e diamantes, dispostos em padrões que, bem sabia ela, basicamente representavam diferentes partes da galáxia. Havia uma sensação de estar na energia material do planeta Terra, bem como em uma conexão intensa com a cosmologia da galáxia.

A cena toda era permeada de paz e os presentes pareciam serenos. Do cristal central emergia uma enorme imagem holográfica de um crescente lunar, acompanhado de escritos hieroglíficos e veículos espaciais cilíndricos em movimento. Estes pulsavam com milhões de luzes minúsculas em padrões sinfônicos, e Valéria sabia que essas naves transportavam visitantes de outros mundos, chamados àquele tempo e espaço específicos para participar da cerimônia sagrada, cujo ponto alto seria a ocorrência de um eclipse lunar.

De repente, ela notava ali um imenso orbe de luz índigo, tão grande como o próprio prédio, pairando acima do grupo reunido. Esse orbe tinha a capacidade de atravessar paredes. Cerca de 300 pessoas estavam ali, todas envoltas em extraordinária quietude, brilhando com uma intensa concentração de força. Valéria sabia que o Orbe era o Anjo Raziel, o assistente do Templo, onde os Sacerdotes e Sacerdotisas dedicavam sua vida à magia das artes de cura.

À medida que a concentração do grupo aumentava, vários cristais começaram a flutuar lentamente pelo ar do Templo, formando um círculo a uma altura considerável. Enquanto isso acontecia, Valéria sentiu o próprio corpo levitar e começar a seguir na direção da abertura no teto do Templo. Isso não era ameaçador nem perigoso. Ela apenas se movia sobre as correntes de intenção que emergiam do grupo reunido e eram amplificadas pelos cristais, e ela sentia seu corpo banhado na beleza condutora da força de Raziel.

Então, ao atravessar a abertura no teto do prédio, ela foi tomada de uma sensação de imensurável reverência ao ver a Lua lá em cima, no céu. Do mesmo modo, ela notou um cilindro prateado movendo-se no espaço em sua direção. O veículo tinha três metros de comprimento e um metro de circunferência. Ao se aproximar de corpo, que ainda flutuava, uma porta se abriu na parte da nave que estava mais próxima da Terra, e foram emitidos harmônicos que lhe transmitiam, por telepatia, o nome Nerfitiha, que ela sabia ser seu nome.

Dessa maneira se revelou que sua tarefa era entrar na nave e receber uma iniciação da Deusa da Lua. Além disso, uma energia interestelar lhe seria transmitida, energia essa que dizia respeito a uma planta medicinal que viria a florescer no planeta Terra e promover ampla cura a muitas parturientes – a planta seria chamada Ixkibix. Assim, ela entrou na nave para receber os dados.

Nesse momento, Valéria começou a se remexer muito e a falar uma língua que eu não reconheci, mas soava antiga e encantada – uma língua dos elementos – de água, vento e rochas, cheia de uma melodia de vogais alongadas expressas com o coração e muitas consoantes do tipo clique. A sensação era de que se tratava da língua atlante e intuí que Valéria estava recebendo informações importantes.

Mais tarde, ela me contou que a densidade do planeta Terra trazia dificuldades para as mulheres durante o parto, ainda que fizessem partos na água e fossem acompanhadas por Golfinhos que surgiam como maravilhosas parteiras. Valéria contou que lhe disseram que muitas das mulheres se lembravam de vidas anteriores em outros planetas, nas quais seu corpo era extremamente diferente, e o parto não existia. Elas viviam pela eternidade, tendo sido formadas a partir de forças elementais.

Nisso, Valéria começou a remexer-se muito outra vez e percebi que ela estava saindo do estado hipnótico, por isso, eu a trouxe lentamente de volta à consciência beta e à percepção de seu ambiente físico. Essa foi uma jornada incrível para ela e, depois de se recuperar por alguns instantes, ela conseguiu me contar a história inteira de sua experiência. Ficou evidente que o sonho havia chegado ao fim, porque ela nunca testemunhara a percepção de ser levada para dentro da espaçonave e receber aqueles dados.

Talvez outros tipos de intuições ou sonhos lhe ocorram quando você meditar no ícone de Raziel, no início do capítulo, pois não há dúvidas de que esse poderoso Anjo fala com você e o incentiva a ir mais fundo na intuição de seu próprio ser. Talvez você precise passar algum tempo em contato com a natureza, sentindo a pulsação do amor divino permeando seu ser e enlaçando-o(a) em seu cálido abraço.

Use a seguinte oração, ou outra criada por você, para invocar o claro suporte intuitivo de Raziel. Ao recitar ou entoar a oração, você sentirá esse sublime abraço cálido inundando seu ser. Ou você pode experimentar, de súbito, um conhecimento inato da sabedoria de sua alma acerca de um resultado.

Uma Oração para o Anjo Raziel

Ó, Arcanjo Raziel,
Por favor, mostra-me o elixir de teu divino discernimento e purifica minha intuição com a sabedoria da "criação" repleta de beleza.
Por favor, lança uma luz sobre os mistérios de minha vida, para que desperte a plena consciência do aspecto de infinitude de minha alma, exortando meu amor a aceitar o papel de servo(a) da criação.
Permite que eu conheça essa verdade no mais profundo de minha alma e de meu corpo, para que eu possa levar a luz para onde quer que eu vá.
Ensina-me a não tropeçar no caminho e a permanecer imerso(a) na convicção da matriz planetária, que é amor supremo.
Que assim seja.
Amém.

Uma Afirmação Diária para Atrair a Força de Raziel

Que eu seja intuitivo(a)

Que eu leve uma vida plena de entusiasmo

Que eu me alegre com o fascínio da magia da vida

Que eu viva em paz

Meditação para Tornar-se Um com a Presença de Raziel

1. Encontre um espaço sagrado para você, seja em contato com a natureza, ou seu próprio quarto de meditação;

2. Acenda uma vela, queime óleo de violeta (o perfume ou essência de Raziel) e coloque música ambiente para tocar, a fim de consagrar o espaço com uma intenção pura e amorosa;

3. Tendo consagrado o espaço, respire sua intenção de estar na presença de Raziel pelo espaço e, se você tiver uma Obsidiana ou Pedra da Lua, segure-a na mão ou, se estiver deitado(a), coloque-a sobre seu coração;

4. Alinhe a coluna, forme um *mudra*, unindo a ponta do polegar com a ponta do indicador. Sinta sua presença plenamente vigilante, quer você esteja sentado(a) ou deitado(a);

5. Respire profundamente, fazendo com que o ar-luz percorra todo o seu ser. Sinta SILÊNCIO, SOLIDÃO E QUIETUDE – a última nutrirá sua alma;

6. Respire profundamente e entoe OM sete vezes, a partir de seu Chacra Cardíaco. Isso atrairá a presença de Raziel para seu campo energético;

7. Descanse e perceba que uma força pura irradia de seu coração ao espaço à sua frente, cobrindo uma distância de pouco mais

de dois metros. À medida que sua força se intensifica, imagine um belo Orbe de luz ÍNDIGO surgindo na extremidade do raio de luz de seu coração. Essa é a força do Anjo Raziel. Em seguida, descanse e ouça os sussurros oraculares da mágica presença desse Anjo, sussurros que são repletos da força da cura, de fé e intuição. Enquanto medita, você sentirá a luz celestial das energias dos reinos arcangélicos de sétima dimensão curando sua vida pela sagrada Comunhão com os Anjos da Atlântida.

Namastê

"O manto do guardião é o enlevo do infinito"

OITO

Anjo Sandalfon

Para sentirmos o calor dos amorosos raios do Orbe âmbar de Sandalfon sobre nosso rosto cheio de expectativa, lancemos primeiro um olhar sobre uma encarnação associada à força bruxuleante desse Anjo.

Muitas são as veneráveis histórias bíblicas sobre o Profeta Elias, que era considerado "grande aos olhos de Deus". Pois Elias dedicou sua vida ao culto de Javé e desencadeou uma paixão espiritual que se sobrepôs à deificação de nove séculos do Deus Baal – uma deidade animista julgada poderosa pela sociedade da época.

O amor, a bondade, a oração e a devoção inabaláveis de Elias ao único Deus da Fonte foram recompensados com a capacidade de ressuscitar os mortos e provocar a descida de fogo do céu. De fato, ao final de sua longa vida, Elias subiu em uma carruagem, puxada por cavalos de fogo, que o levou para o céu e, assim, o profeta assumiu a forma do Arcanjo Sandalfon, passando a estar em comunhão ainda mais íntima com Deus.

Aqui há paralelos com Enoque, que, agraciado com a visão do semblante de Deus, foi levado ao céu para tornar-se o Arcanjo Metatron. Nesse aspecto, por milhares de anos, os dois Anjos são descritos como "irmãos gêmeos", o que explica a origem grega do nome Sandalfon – que significa "coirmão".

Os dois Arcanjos estão unidos em uma parceria de devoção celestial, pois Sandalfon governa a transformação das energias elétricas geradas na Terra, fazendo a conexão com a Matriz Cósmica, ao passo que Metatron conduz as energias magnéticas atraídas da galáxia ao planeta Terra, as quais se alinham com a Matriz Planetária. Essas duas forças fluem pela forma e símbolo do infinito, circulando dentro da figura de um oito como um constante fluxo de duas mãos de energia e informação, volteando, indo e vindo como que em harmonia rítmica entre o Céu e a Terra.

Elas se encontram de modo espetacular nos principais centros de força da Terra – um dos quais fica em Avebury Henge, Wiltshire, que existe como um templo a céu aberto para a Divina Deusa Gaia – e que você vê no Ícone no início deste capítulo. A relação especial de Sandalfon com Avebury traz para nossa vida, bem como para a vida do planeta e do cosmos, as incríveis energias de cura da União Cósmica.

Sandalfon é o responsável por imensas espirais de Luz Cósmica, condensadas a partir da Fonte e destinadas a conduzir a energia do planeta Terra para força de ascensão da Galáxia. Diante disso, Sandalfon pede a todos os trabalhadores da Luz que auxiliem nessa transformação. As ferramentas essenciais para abrir os vetores da ascensão individual e planetária são, de uma perspectiva planetária, venerar o corpo da Mãe Terra, e, da vantagem de atrair energia para o próprio corpo, acalentar os sentimentos de amor, compaixão, bondade, misericórdia e alegria.

> *Cada vez que uma pessoa defende um ideal, atua de modo a melhorar a vida dos outros ou luta contra a injustiça, ela produz uma pequenina onda de esperança. Todas essas ondinhas seguem para milhões de diferentes centros de energia, e essas ondinhas ousadas formam uma corrente que pode derrubar as mais poderosas paredes de opressão e resistência.*
> – Robert Kennedy

A serviço desse grande impulso, orquestrado pelas inúmeras mudanças cósmicas monumentais que nos levaram em direção ao dia 21 de dezembro de 2012, também nós vemos os elementais terrenos, os seres dévicos e os moradores do interior da Terra unindo-se a nós para elevar a consciência planetária. Todos os segredos da Terra podem ser acessados por meio desses sagrados guardiões do planeta, e é Sandalfon quem fará a dispensação deles. Quando formos dignos de recebê-los, respeitando e compreendendo seu poder.

Portanto, pede-se que sejamos vigilantes e cuidadosos em nossa relação com a Terra. Somos chamados a amar a beleza de sua biodiversidade por meio de princípios ecossustentáveis e a cuidar de nosso corpo físico, ingerindo alimentos à base de água. E somos incentivados a amar o meio ambiente para que nossa existência seja completamente sustentada por sua bondade.

Assim sendo, responda às questões a seguir, a fim de atrair a energia de Sandalfon para o mais íntimo da Terra de seu ser:

1. Sou responsável pelos aspectos de minha vida que pertencem à Terra?
2. Sou capaz de sentir os ritmos e a pulsação da Mãe Natureza?
3. Minha alma compreende o motivo de minha presença neste planeta?
4. Demonstro total respeito pela beleza do meio ambiente terrestre?
5. Estou aberto(a) aos Elementais da Terra e Guardiões da Natureza?
6. Medito regularmente em celebração a este belíssimo planeta?
7. O que posso fazer para aumentar o fluxo de amor na direção do planeta?
8. Sobretudo, estou consciente do Reino Encantado que ama este planeta?
9. O que eu "sou", em vez do que eu "faço", para a evolução do planeta Terra?
10. O que eu sei sobre os ciclos planetários de nosso Globo dentro da Galáxia?
11. Vejo minha vida como um irmão ou irmã do planeta?

12. Que legado posso deixar para enriquecer o planeta, ao considerar a Terra um organismo planetário e seguir o curso de minha vida nela?

Sandalfon é a presença Guardiã de Deus aqui na Terra, despertando o reino interior do propósito criativo, pelo qual o pensamento cria a energia do mundo. Com intenções específicas alcançam-se feitos repletos de bem-aventurança, nos quais o propósito manifesta riquezas indizíveis. Nesse aspecto, Sandalfon considera forças criativas inter-relacionadas, tanto os ciclos da natureza, como as ondas quânticas do cosmos. Sandalfon inspira a essência da vida em cocriação com a natureza, a partir da perspectiva do Orbe Marrom/Âmbar de proporções Angelicais, e, tal como Elias, enquanto estava na Terra, aprimora e orienta nossa busca pelo Divino em nossa condição humana.

As correntes evolutivas de força que passam por Sandalfon permitem que esse grande Anjo governe o Chacra da Estrela Terrestre nos seres humanos, o qual ajuda a dar forma a nosso propósito sobre a Terra a partir de uma perspectiva Divina. Desse modo, ao nos abrirmos à energia da Fonte, restabelecemos a harmonia da consciência do planeta Terra, e o amor divino se torna a força amorosa do mundo.

Em todo o nosso planeta, vemos indícios do despertar desse Chacra no atual interesse humano pela ecologia e na proteção da superfície e da atmosfera sensíveis da Terra. Como os atlantes antes de nós, somos incentivados a viver de forma cocriativa com os Espíritos da Terra e com a Mãe Natureza, e assim passamos a ser animados pelas pulsações da Mãe Terra, ao longo dos ciclos solares e lunares – pois precisamos venerar tais ritmos e pulsações, tal como veneramos a Deus e a nossos entes queridos.

Sacerdotes habilidosíssimos do Atla governavam o Templo atlante dos GUARDIÕES, que existiam como Sacerdotes e Sacerdotisas. Suas meditações e rituais ímpares preparavam mente e espírito para manter o equilíbrio de forças dentro dos princípios energéticos de *Yin/Yang*, Luz/Escuridão, Sol/Lua, Cosmos/Terra.

A supervisão dessas atividades era feita pela Suma Sacerdotisa NUT, que cobria o continente com sua presença celestial cor de âmbar, enquanto sua forma masculina, na forma do Sumo Sacerdote ATLAS, sustentava o telhado do firmamento com sua terrena soberania marrom. Nut e Atlas eram antigas celebridades espirituais que viveram existências etéreas no planeta Terra. De fato, perto do fim da Atlântida, eles levaram a riqueza de sua Congregação de Guardiões para a ilha dos Anjos, o território hoje conhecido como Inglaterra, Escócia e País de Gales.

A Deusa Nut e o Deus Atlas

No Egito antigo, a Deusa Nut era esposa de Geb e mãe de Ísis, Osíris, Set e Néftis. Acreditava-se que ela constituía o firmamento que protegia a Terra e, como tal, preservava tudo o que existiu e existe. Geralmente descrita como a senhora dos corpos celestes, suas vestes eram recobertas das gemas preciosas das diversas congregações, de modo que ela refratava a luz de todas as dimensões celestiais e terrenas, pois era a Mãe protetora de todos os seres mortais sobre a Terra. Além disso, pensava-se que Nut engolia as estrelas pouco antes do alvorecer, a fim de dar à luz o Sol da manhã, e que, ao fim do dia, ela engolia o Sol e literalmente dava à luz as estrelas para seu prazer celestial. Atlas era a presença masculina de Nut, sendo considerado um símbolo de perseverança, pois sustentava a Terra com firmeza e constância, impedindo que implodisse no espaço.

Na antiga Grécia, Nut transformou-se na Deusa Héstia e, em Roma, na Deusa Vesta. Héstia era declarada a Deusa do Lar, simbolizando o arquétipo da função terrena e da manutenção da ordem da casa, características que surgem nas pessoas que desenvolvem um senso de harmonia interior enquanto realizam suas tarefas domésticas. E, tal como a meditação cotidiana de Nut para impedir que os céus desabem sobre a Terra, Héstia cria um espaço interior a partir das tarefas que estão sendo realizadas. Ela é como uma pessoa que vive em uma ordem religiosa, para quem toda atividade é feita "para o serviço de Deus". Assim, Nut e Héstia podem ser vistas, em termos humanos, como a pessoa sábia e a mística contemplativa.

Os Guardiões de muitos santuários sagrados e lugares santos são protegidos pela energia salutar de Sandalfon, que também derrama belos raios cor de âmbar sobre um número crescente de projetos que respeitam a natureza no atual estágio planetário. Dois desses projetos são a sólida Ecovila Espiritual Findhorn, em Moray, Escócia, e a recém--constituída KI-RA, na República Dominicana.

Trabalhar com Sandalfon significa desenvolver maior respeito pelas vidas de nosso planeta, pela riqueza espiritual da fauna e da flora que abrange o Globo. Por exemplo, se você conhece alguém que tenha despertado recentemente do transe da desconexão com sua natureza terrena, tenha certeza que o beijo de Sandalfon, como o Príncipe do conto da "Bela Adormecida", esteve implicitamente envolvido no processo de tal despertar. Esse "beijo" purifica a conexão da pessoa com a Terra, renovando o corpo físico por meio de crescentes aragens de energia solar e prânica, bem como ajudando no desenvolvimento de uma espiritualidade verdadeiramente concreta e fundamentada. São essas as pessoas que se passam a ter uma consciência ambiental muito forte e desenvolvem um senso cada vez maior de responsabilidade global.

A congregação dos GUARDIÕES da Atlântida esposavam os seguintes valores:

1. Fidelidade ao poder da Mãe Terra e a seus ciclos naturais;
2. Um respeito constante pela saúde e vitalidade do próprio corpo, como reflexo da Terra;
3. Amor e reverência pela Terra e pelos demais planetas como princípios de eternidade;
4. A determinação de ter pureza de intenção como símbolo de pureza de vida;
5. A defesa da noção de honestidade e cocriatividade;
6. Um profundo reconhecimento da santidade da vida em todas as formas animadas;
7. Um respeito ativo pelos ciclos do planeta com relação à Lua e ao Sol;
8. Uma atitude de intensa proteção da paz e do silêncio da Mãe Terra;
9. Um grande apreço pela ternura e pela força que fluem da vida humana;
10. O desejo de descobrir os segredos do espírito feito carne;
11. A veneração das joias eternas da vida, tais como a graça e a verdade;

12. A capacidade de abandonar constantemente o velho em favor do novo momento de criatividade.

Uma História sobre o Anjo Sandalfon

Muitos anos atrás, fui procurado pela filha de um cliente que tinha uma relação muito próxima com o Anjo Sandalfon. A jovem tinha, então, 18 anos.

No entanto, em nosso primeiro encontro, Henrietta descreveu sua vida como vazia e insignificante. Em seu tempo de escola, ela havia testado seus limites por meio de comportamentos antissociais, uma superficialidade sem limites, óbvio excesso de festas e constantes confrontos com autoridades. Henrietta confessou que sua vida escolar fora regada por drogas e álcool, para literalmente "sair de seu corpo".

A jovem parecia muito mal – magra, deprimida, infeliz e com uma aura que ostentava um tom cinzento pálido – na verdade, Henrietta confessou que sentia o corpo totalmente lânguido. Ao mesmo tempo, porém, Henrietta havia vivenciado episódios psíquicos, dentre eles sincronicidade, visões do espírito, energias extrassensoriais e *déjà vu*. Eu a ouvi com atenção e percebi que ela tinha uma conexão estreita com o mundo elemental – curiosamente, sua aparência frágil despertava fortes impressões do mundo Dévico.

Conversamos bastante sobre o que ela considerava o caráter disfuncional de sua família, em cujo seio ela sentia pouco amor e amparo, e eu propus a Henrietta estratégias para ajudá-la a ver formas de fortalecer o corpo e tornar-se emocionalmente centrada.

Uma das primeiras opções de Henrietta era procurar um nutricionista cuidadoso que recomendei, a fim de obter informações sobre um claro regime para sua saúde. A segunda era que ela tinha que começar uma prática meditativa, somada a sessões diárias de ioga ou pilates. Ela concordou e esse apoio amoroso a incentivou a caminhar mais depressa rumo à boa saúde, à vitalidade e a um bem-estar equilibrado.

Depois de quatro semanas de regimes para restabelecer a saúde, Henrietta veio me ver e parecia muito melhor enquanto me contava, animada, sobre os sonhos que tivera ao longo do processo de purificação de seu corpo. Em um desses sonhos ela caminhava por milhas e milhas (quilômetros) em uma estrada espanhola muito ensolarada (embora fosse inglesa, ela conhecia bem a Espanha e falava espanhol), sentindo-se imensamente feliz naquela jornada, ainda que tivesse parecido árdua de início.

Henrietta sabia que precisava descobrir o significado daquele sonho, já que a estrada era iluminada por uma bela luz cor de âmbar que fazia com que ela se sentisse serena e em total conexão com a Mãe Terra. Sendo assim, revelei-lhe informações sobre a luz âmbar da energia de Sandalfon, sugerindo que essa força estava com ela desde o instante em que nos conhecemos. Quando eu disse isso, ela ficou muito comovida. Ainda conversamos sobre a peregrinação pelo Caminho que leva a Santiago de Compostela, na Galícia, noroeste da Espanha.

O Caminho de Santiago de Compostela também é conhecido como "O Caminho de São Tiago" e consiste em um grupo de antigas rotas de peregrinação que percorrem toda a Europa. Por um milênio ou mais, peregrinos fizeram o Caminho para visitar o santuário de São Tiago, famoso por conter uma relíquia do grande Santo.

Ao saber disso, Henrietta ficou radiante, percebendo intuitivamente que era disso que se tratava seu sonho, e ela logo começou a planejar a peregrinação, o que, por sua vez, lhe deu o ímpeto de rever por que os últimos três anos de sua vida haviam sido tão caóticos. Com coragem e a ajuda de Sandalfon, ela realinhou aos poucos seu corpo emocional, sobretudo no tocante à raiva e à culpa. Por fim, sua alma mostrava-se mais integrada a seu corpo, e a luz âmbar à sua volta ficava cada vez mais intensa.

Naquela noite, tive um sonho intenso em que um Orbe cor de âmbar protegia Henrietta enquanto ela andava alegre por uma longa estrada. Durante a caminhada, ela vivenciava três encontros incríveis: um deles estava relacionado a um baú de bronze recoberto de belas pedras de âmbar e, ao abri-lo, Henrietta encontrava a palavra Evolução escrita em pergaminho antigo; o segundo se dava junto a uma árvore nodosa e retorcida que havia sido atingida por um raio – a areia perto da árvore também havia sido atingida por um raio e transformada em uma formação cristalina, como vidro; e o terceiro era o encontro com uma senhora muito idosa que, com determinação, apontava um dedo para o solo.

Não tive dúvidas de que Sandalfon estava comunicando informações oraculares para Henrietta e, por isso, antes de ela partir para sua peregrinação pelo Caminho, contei-lhe o sonho.

O primeiro encontro não era mistério nenhum – aquela era uma jornada profunda que ela devia fazer para a "evolução" de seu processo; o segundo significava que ela seria atingida pelo raio da espiritualidade, o que cristalizaria uma verdade sobre seu destino, e isso seria esclarecido por meio de sua conexão com a Terra, trazendo transformação; o terceiro mostrava que Henrietta revelaria a si mesma (a velha sábia dentro dela viria à tona) uma sabedoria interior acerca de sua Alma madura, e que ela sempre estaria conectada à Terra.

Henrietta absorveu essas informações ao partir em sua jornada, cercada pela força amorosa da energia de Sandalfon e sentindo-se alinhada, saudável e sem dúvidas sobre o que desejava para sua evolução.

Isso aconteceu há muitos anos, e hoje Henrietta vive seu destino, cumprindo sua vocação por meio de seu brilhante trabalho como paisagista de certo renome. Ela usa princípios bastante ecológicos em seu trabalho e está casada, feliz com seus três filhos, e dedica-se constantemente à força expansiva de Sandalfon.

Uma Oração para o Anjo Sandalfon

Use esta oração, ou outra de sua própria criação, para invocar o apoio amoroso de Sandalfon. Um pouco de prática em pedir com carinho um favor desse belo Anjo mostrará resultados imediatos. Você os perceberá intuitivamente ao notar a súbita resolução de uma dificuldade, uma forte sensação de estar sendo conduzido(a) de forma mais plena pelo Universo, uma tremenda consciência de que você pode deixar tudo aos cuidados da vontade Divina, um lembrete íntimo de sua própria soberania, que inculcou proteção em seu íntimo, ou uma noção ainda mais maravilhosa de como simplesmente abandonar-se e entregar-se aos Anjos. Tudo é possível!

Ó, Arcanjo Sandalfon,
Agradeço por abençoares o mundo com tua presença.
Agradeço por trazeres a graça Angelical ao mundo da natureza e das forças elementais.
Por favor, traze-me a harmonia da concórdia equilibrada, iluminando meu serviço à criação e permitindo que eu coloque minha confiança na entrega aos ciclos naturais da vida.
Por favor, permite que eu me conecte com a vibração do equilíbrio entre minha vida material e espiritual.
Que assim seja.
Amém.

Uma Afirmação Diária para Atrair a Força de Sandalfon

Que eu seja transparente com meu amor
Que eu confie no poder da evolução
Que eu respeite os ciclos da Terra
Que eu viva em paz

Meditação para Tornar-se Um com a Presença de Sandalfon

1. Encontre um espaço sagrado para você, seja em contato com a natureza, ou seu próprio quarto de meditação;
2. Acenda uma vela, queime sândalo (o perfume ou essência de Sandalfon) e coloque música ambiente para tocar, a fim de consagrar o espaço com uma intenção pura e amorosa;
3. Tendo consagrado o espaço, inspire e expire sua intenção de estar na presença de Sandalfon pelo espaço e, se você tiver um pequeno âmbar-amarelo, segure-o na mão ou, se estiver deitado(a), coloque-o sobre seu coração;
4. Alinhe a coluna, forme um *mudra*, unindo a ponta do polegar com a ponta do indicador. Sinta sua presença plenamente vigilante, quer você esteja sentado(a) ou deitado(a);
5. Respire profundamente, fazendo com que o ar-luz percorra todo o seu ser. Sinta SILÊNCIO, SOLIDÃO E QUIETUDE – a última nutrirá sua alma;
6. Respire profundamente e entoe OM sete vezes, a partir de seu chacra cardíaco. Isso atrairá a presença de Sandalfon para seu campo energético;
7. Descanse e perceba que uma força pura irradia de seu coração ao espaço à sua frente, cobrindo uma distância de pouco mais de dois metros. À medida que sua força se intensifica, imagine um belo Orbe de luz ÂMBAR/MARROM surgindo na extremidade do raio de luz de seu coração. Essa é a força da presença do Anjo Sandalfon. Em seguida, descanse e ouça

os sussurros oraculares da mágica presença desse Anjo, sussurros que são repletos de amor, empatia e clareza. Enquanto medita, você sentirá a luz celestial das energias dos reinos arcangélicos de sétima dimensão amando e curando sua vida pela sagrada Comunhão com os Anjos da Atlântida.

Namastê

"A glória do guia inspira-nos a encontrar o amor sem procurá-lo"

NOVE

Anjo Shamael

    O Arcanjo Shamael flutua como um Orbe de delicadíssima luz lilás pela imensidão do Cosmos desde antes do tempo como o conhecemos. Assim, Shamael faz a dispensação dos princípios fundamentais da vida na Terra, envolvendo o tecido mesmo da humanidade com um amor que sempre orienta, abençoando a diversidade de flora e fauna deste domínio com igual caridade.

    Shamael, muitas vezes grafado Chamuel ou Samael, emana clareza amorosa e orientação celestial com relação à Lei Universal da Intenção, como mencionei no Prólogo, e, com esse grau de iluminação, dá assistência onipresente àquele que busca Deus – pois esse

Anjo formidável nos acompanha durante toda a nossa vida, como um farol de esperança que nunca deixa de irradiar seu foco bruxuleante.

Foi isso o que Jesus encontrou no jardim do Getsêmani durante sua noite mais sombria, quando Shamael ofereceu a certeza do amor e da compaixão no tocante a sua ressurreição. O imenso amor desse grande Anjo criou um raio de esperança que eclipsou a opressão da carne mortal, e sua luz era tão intensa que guiou Jesus a vencer seu enorme dilema aliviando, com delicadeza, as setas de dor com o puro amor do céu.

Do mesmo modo, para nós, a força de Shamael é importante, amorosa e sábia em tempos de grandes mudanças, como a perda de uma pessoa querida, doença, divórcio, ou quando a pessoa pede demissão ou é despedida do emprego. Quando somos afligidos por uma provação como a morte, se pedimos com sinceridade, de joelhos, a orientação de Shamael, este Anjo amoroso sempre nos socorre e orienta quanto a qual caminho devemos tomar – o caminho que cumpre a glória de nossa herança divina.

Veja, o amor que Shamael oferece é o amor que transcende e transmuta o eu comum. Esse amor conduz nossa consciência pelos desertos do desespero rumo ao oceano de bálsamo, um bálsamo de tão grande compaixão, que acabamos chegando ao santuário da maturidade emocional. Assim, esse Anjo nos tira da superfluidade da vida, soando a nota cósmica da serenidade em nosso coração e nossa alma, para então encontrarmos a luz de um novo início, de modo que abandonamos o apego ao sentimentalismo do passado. Com isso, recebemos profundo alento e somos inspirados a eliminar aqueles aspectos de nossa vida que diminuem nossa fé no Divino e em tudo o que é sagrado. Portanto, por *éons* de tempo, esse Orientador Divino tem sido considerado o Anjo mais intimamente ligado à substância da evolução criativa, pois o amor é a força que aciona o júbilo da criação e, se amarmos abertamente, com a paixão profunda de nosso coração, tudo o que está relacionado com nosso trabalho se revela e manifesta riquezas incomparáveis.

Além disso, Shamael governa o Chacra da ESTRELA DA ALMA nos seres humanos, ajudando-nos a atrair suavemente nossa alma para dentro de nosso corpo, ao mesmo tempo em que curamos o trauma pessoal e coletivo de nosso passado. Essa cura profunda do coração nos unge com a divina compaixão de nossa encarnação e nós nos deleitamos com o bálsamo da beatífica bem-aventurança.

A Congregação dos Guias

Na Atlântida, todos os seres vivos tinham consciência de sua Estrela da Alma e da razão de sua encarnação no planeta Terra. Essa clareza de intenção amplificava a energia crística do planeta, permitindo que o aspecto feminino da Mãe Terra resplandecesse, radiante de paz e amor e, com isso, sustentasse o trabalho da congregação dos GUIAS, que eram governados pela Suma Sacerdotisa MAAT.

Esse ser fantástico, com a assistência de Shamael, era considerado a força da verdade na Atlântida. De fato, mais tarde, no Egito antigo, Maat ficou encarregada do julgamento final das almas humanas, quando atravessavam o ponto da morte para entrar nos Salões da Verdade.

Tanto na Atlântida como no Egito, o coração era um símbolo da morada da alma e, portanto, era sacralizado como doador e receptor de vida. Viver com sinceridade, honestidade e bondade significava que a pessoa tinha o "coração leve" e, nos rituais funerários do Egito antigo, o coração era o único órgão deixado no corpo durante o processo de embalsamamento, ao passo que os demais órgãos internos eram retirados e preservados em vasos canopos. A razão disso é que o coração era considerado fundamental para sustentar a vida após a morte – o coração era a representação holística da totalidade do caráter ou existência da pessoa.

A Suma Sacerdotisa Maat

A existência de Maat no Egito tinha estreita ligação com Rá, de quem era considerada irmã. Além disso, ela era conhecida como a consorte de Thoth. Em um nível Angelical, colocava a assistência de Shamael à congregação dos GUIAS em uma vibração próxima à de Gabriel (o Mensageiro) e Uriel (o Companheiro), ilustrando o grau da interconexão da presença dos 12 Anjos na Atlântida, assim como hoje.

Assim, pergunte-se como você pode atrair a força de Shamael para sua vida e para bem dentro de seu próprio coração. As perguntas a seguir podem ajudá-lo(la) a magnetizar a existência de Shamael em seu coração, permitindo que a bem-aventurança angelical penetre totalmente as células de seu corpo. Desse modo, quando você louvar Shamael e pedir seu auxílio, a força desse maravilhoso Guia automaticamente lhe proporcionará grande clareza de propósito, portanto, esteja preparado(a): sua vida será transformada.

1. Estou aberto(a) à janela da incerteza e à possibilidade de mudanças?
2. Acredito na libertação de novos começos, ou estou preso(a) pelo medo da mudança?
3. Meu coração, como morada da alma, sente-se alinhado com a vida?
4. Estou permitindo que a serenidade interior se faça presente em cada um de meus dias?
5. Busco o semblante sincero dos outros?
6. Qual chacra do meu corpo me abre à orientação suprema de Shamael?
7. Em que momentos do dia tenho a percepção do elixir do Anjo?
8. Permito que meu coração me conduza pela vida?
9. Minha vida é orientada pela verdade, pela bondade e pelo amor?
10. Minha consciência se abre à compaixão para comigo mesmo(a) e pelo mundo?
11. Que níveis de pensamentos e sentimentos elevados consigo trazer para meu dia de vida-amor?
12. Gosto de cultivar o aspecto divino de meu eu humano?

Fazer essas perguntas a si mesmo(a), bem como outras que possam lhe ocorrer por meio de sua inteligência intuitiva, permitirá que surjam respostas bem no íntimo de sua alma, o que, por sua vez, atrairá a energia de Shamael até você. Em consequência, você experimentará uma incrível quietude no âmago do ser, o que permitirá que a verdadeira orientação influencie as principais decisões de sua vida. Se isso não acontecer, busque técnicas de cura com um profissional de sua confiança, para ajudá-lo(la) a eliminar a toxidade que turva a percepção. Tente se libertar da negatividade que aprisiona o aspecto sobrenatural de sua vida e bloqueia sua sensibilidade para receber orientação Angelical. Os Anjos da Atlântida vibram em harmonia com o máximo bem e o máximo amor celeste.

Nenhum pessimista jamais descobriu os segredos das estrelas, nem navegou a uma terra não mapeada, tampouco abriu um novo céu ao espírito humano. Todos são bem-vindos e, não obstante, todos precisam abrir-se à suave benesse do amor!
– Helen Keller

O aspecto mais importante é que a vibração e a presença de Shamael o(a) conduzirão ao conselho interior de sua alma, de modo que a refração de sua própria luz, a plenitude de sua essência, na verdade, o(a) guiará pelos momentos de maior impacto em sua vida, quando tudo o mais parece estar desmoronando. É nesses momentos que precisamos ouvir com enorme atenção às pulsações internas de nossa alma. É então que somos realmente impulsionados, pelo poder da verdade e da honestidade, a gravar nossa própria graça nos anais do mundo. É aí que cumprimos nossa encarnação, ao reivindicar a volta de cada aspecto da vida à expressão de nossa divindade. É quando o extraordinário mistério da vida recebe um raio de luz que nos tira a respiração e perturba nossa mente racional, provocando até mesmo uma lágrima, de modo que ainda mais amor nos invade e nós percebemos que nada voltará a ser como era até ali.

Por isso, meu caro ou minha cara, registre esses momentos de epifania!

A presença de Maat como arquétipo também será útil. De fato, atrair Shamael para sua vida, usando o Ícone que inicia este capítulo, fará com que você se aproxime do lembrete de que a ordem divina prevalecerá, independentemente dos caprichos humanos ou de dramas pessoais.

Nossa natureza humana é buscar o equilíbrio e, como o sentimento é a linguagem da alma, a verdadeira justiça espiritual está sempre presente, ainda que o mundo pareça ser injusto e contaminado. Pois, veja bem, a justiça divina é baseada em amor, imparcialidade e profunda aceitação, e esses três princípios são expressos mediante a capacidade de abandonar, de ceder, de render-se em entrega. Então, quando, em um momento de tranquilidade, nós nos desprendemos, a ordem natural do universo nos eleva a nossa máxima e mais completa alegria, libertando-nos de nossos medos e das limitações autoimpostas.

Se resistimos à vontade divina, criamos frustração, conflito e dificuldades. No entanto, ao abandonarmos o medo, a ordem divina floresce e nós vencemos os problemas e alcançamos compaixão e misericórdia, e é então que recebemos o auxílio Angelical. Nele, encontramos verdadeira orientação, pois a verdadeira compaixão nasce da verdadeira objetividade e, assim, finalmente percebemos que o coração não é um órgão sentimental, mas de uma sabedoria real, valente, grandiosa, excelente e profunda.

O coração, como sede da alma, reverbera sabedoria quando somos honestos com nosso amor e nos libertarmos do ressentimento, da rejeição e do remorso, fazendo uso do bálsamo do perdão. Não importa que isso se dê pelo abandono da culpa que carregamos, ou daquela que atribuímos aos outros – quando a culpa desaparece, assumimos nosso lugar de direito no grande plano das coisas. O passado fica para trás, transforma-se em história; o futuro chama e ainda não está escrito; e o presente nos reivindica para a salvação infinita.

Veja que, nessa verdade, não há nada além do momento, e do momento presente, este momento.

HADES

Na Grécia antiga, a força arquetípica de Maat foi atribuída ao caráter do Deus HADES e, em Roma, a Plutão. Esses eram os Deuses do Submundo, o extenso reino da alma individual e coletiva, a vasta região do inconsciente. De fato, nas grandes escolas dos mistérios eleusinos da Grécia antiga, acreditava-se que os principais desafios de vida enfrentados pelo Iniciado – ou seja, as experiências da longa noite escura da alma, aquelas mergulhadas em loucura, depressão e experiências de quase morte – eram descidas ao submundo e, portanto, ao reino de Hades. Uma vez empreendidas tais jornadas, já não havia medo da morte.

Curiosamente, existe uma história extraordinária relacionada a Hades que pode explicar a súbita ou catastrófica mudança climática que ocorreu pouco antes da morte da Atlântida.

Por muitos anos, durante o apogeu da expansão da Atlântida, a intenção sagrada dos Sacerdotes e Sacerdotisas criou a tecnologia científica que, por sua vez, criou uma biosfera que era uma proteção para a vida do planeta. Essa redoma etérica de enormes proporções protegia as almas que viviam nas 12 congregações do continente. A vida era protegida, de forma efetiva, das devastadoras tempestades galácticas e erupções solares que aconteciam no "mundo acima" à época, quando os experimentos científicos realizados produziram condições climáticas *sui generis* que mudaram a energia da malha planetária, mas sem afetar a dedicação, a fé e o fervor ritualístico do povo.

Outra história sobre Hades diz respeito a "rapto" de Perséfone, filha de Deméter, a Deusa dos Cereais e a Mãe que nutre Tudo. Hades desejava que Perséfone fosse sua noiva e, com o consentimento do Pai Zeus, raptou a donzela, levando-a para o submundo. De acordo com a lenda, Perséfone passou algum tempo em grande tristeza no submundo, enquanto sua mãe chorava e se enfurecia diante daquela terrível perda, isolando-se em seu Templo. Por isso, as plantações não vingavam, não havia nascimentos e não se produzia vida nova. De fato, a fome ameaçava arrasar a Terra, de modo que Zeus, cedendo em sua decisão, enviou Hermes ao submundo para resgatar e curar a jovem.

Hermes encontrou a desconsolada Perséfone sob o poder de Hades e persuadiu o deus a deixá-la ir. Mas, antes que Perséfone fosse libertada, Hades lhe deu algumas sementes de romã para comer. Por causa disso, ela ficou obrigada a passar parte do ano no submundo, na companhia do deus – os meses de inverno, quando a Terra jaz alqueivada. Assim, Perséfone tornou-se a Rainha do Submundo, ainda que tivesse permissão de ficar no plano mortal durante uma parte do ano.

Desse modo, teve início a profunda queda vibracional da vida atlante, deixando as dimensões espirituais superiores, o que afetou fortemente todos os habitantes do continente. Todavia, em amorosa forma lilás iridescente, Shamael continuou a servir, sustentar e nutrir a congregação dos GUIAS, que seguiram, por ordens de Maat, para uma região ao oeste da Atlântida, hoje conhecida como Península de Yucatán, embora, em 10000 a.C., essa massa de terra tivesse inevitavelmente uma aparência bastante diferente da atual.

Ali cresceu a grande cidade de Palenque, criada pelos povos maias, descendentes dos atlantes e associados ao culto ritualístico das estações do ano. Aquela região era rica em solo fértil e exuberante de vida vegetal, o que promoveu o estilo de vida dos primeiros colonizadores, que apreciavam, em especial, o coco, tomando sua água, que era enriquecida com quase 300 fitonutrientes. Do mesmo modo, esse povo desfrutava de agradável umidade, que alimentava sua pele com o elixir da água e, assim, promovia ótima saúde.

A congregação dos GUIAS da Atlântida esposavam os valores cultivados por Maat:

1. Um vínculo sagrado com a verdade e a simplicidade do AMOR;
2. Um respeito permanente pela saúde e vitalidade do próprio corpo como reflexo da Terra;
3. Amor e reverência pela alma como expressão do divino em forma humana;
4. Diligência e zelo na atuação a partir do chamado supremo, assim dissipando confusões;
5. A defesa das noções de verdade e bondade;
6. Um profundo reconhecimento da sacralidade da vida, tanto em forma sagrada como profana;
7. Um grande respeito pela vibração do amor que transcende todas as coisas;
8. Uma forte percepção de que as sutilezas da natureza governam pacificamente;
9. A habilidade de ampliar a própria consciência, abrindo mão de todos os aspectos de vantagem pessoal;
10. A capacidade de desenvolver os sentidos naturais, transformando-os em faróis de orientação a ser usados na jornada pelo terreno da vida;
11. Veneração das joias eternas do amor e da alegria como prioridades;
12. A capacidade de dissolver o medo, permanecendo na santidade de cada instante e usando o RAIO LILÁS para promover graça e equilíbrio.

Uma História sobre o Anjo Shamael

Lisa era uma atriz de certo renome que procurou minha orientação com relação a uma escolha muito importante que ela precisa fazer em sua vida. A própria carreira de Lisa havia parado completamente durante o período em que viveu um intenso relacionamento pessoal que culminou com sua gravidez e, agora, outra transição precisava ocorrer.

No entanto, dois anos e meio antes desse encontro, Lisa se consultara comigo para uma imersão em Cura Sonora Angelical. Sua história era a seguinte: embora estivesse totalmente ocupada com uma carreira fascinante, que a deixava muito feliz, ela também tinha um profundo desejo de viver um relacionamento estável com um homem amoroso e vivenciar a experiência de ser mãe. De certo modo, para cumprir seu destino criativo como sacerdotisa de Afrodite, pois Lisa é uma beldade!

Embora esses dois desejos não parecessem estar em vias de manifestação, Lisa estava decidida a criar ambos, por meio do poder da lei universal da atração e, por isso, praticava com zelo suas meditações, afirmações e processos de "contentamento" diários, que haviam produzido manifestações muito criativas no passado, na forma de excelentes oportunidades de trabalho.

Na realidade, eu ficava impressionado com a capacidade de manifestação de Lisa e, por isso, estava um pouco surpreso diante de sua aparente impaciência e falta de fé. Contudo, acreditando na força da Vontade Divina como eu acredito, dei todo o apoio a Lisa e pedi que ela ampliasse seu processo criativo, o que ela fez atraindo a orientação celestial do Arcanjo Shamael.

Pude ver claramente que o Anjo Shamael estivera bem próximo de Lisa por algum tempo, acompanhando-a sempre que pensamentos e sentimentos eram disparados ao espaço como foguetes de desejo. Pois sempre que Lisa se dedicava a seu processo de manifestação, sua paixão e entusiasmo davam a sua aura um brilho carmesim profundo, sobretudo em redor de seu corpo. Nessas ocasiões, eu também notava o poderoso Raio Lilás de Shamael, o Guia Divino, envolvendo seu Chacra *Ajna* (o terceiro olho vestigial). Isso fazia com que Lisa ficasse com uma aura belíssima.

O objetivo de Lisa era simples, pois eu sabia que sua energia positiva criaria tudo com grande certeza. Então, aconteceu algo maravilhoso – era seu aniversário de 40 anos e ela decidiu fazer uma festa. Tendo fugido da ideia em anos anteriores, os preparativos de Lisa pareciam exóticos – escolher o lugar certo, procurar o melhor cardápio, contratar floristas e providenciar o melhor champanhe que pudesse ser servido como bebida – os mínimos detalhes eram a ordem do dia!

Quando chegou o aniversário, Lisa parecia radiante e fiquei feliz em participar do que foi realmente uma festa muito agradável. Para onde quer que eu olhasse, eu via o Raio Lilás de Shamael e soube que algo milagroso estava prestes a acontecer. Foi nesse instante que chegou um belo homem a quem Lisa ainda não conhecia. Ele ouvira o barulho da festa, que estava acontecendo no salão de recepções de um hotel londrino exclusivo, e decidira dar uma olhada na comemoração. Lisa sentiu-se imediatamente atraída por aquele belo francês e, depois da festa, eles trocaram números de telefone e, então, começaram a namorar. Shamael havia literalmente guiado François até a festa, ao ponto mesmo de fazê-lo usar uma camisa lilás!

Dez meses após o início de seu relacionamento, Lisa entrou em contato comigo para contar que estava grávida e se afastaria de seu trabalho itinerante como atriz por um ano. Ela também disse que sentia estar sendo guiada pela orientação divina do Anjo Shamael.

Quando nos reencontramos, fazendo já algum tempo que Lisa havia tido o bebê e ingressado na maternidade, foi maravilhoso ver que ela expandira seu contato com o reino Angélico e se sentia iluminada pelo amor ofertado para seu projeto criativo seguinte. Mesmo assim, ela ainda precisava de um estímulo meu para ajudá-la a dar o primeiro passo rumo à concretização de seu desejo. Nesses momentos, eu notava como Lisa tinha uma curiosidade e uma paixão insaciáveis pela vida. Seu entusiasmo lhe dava a certeza de que o principal era fazer com que o principal continuasse sendo o principal – uma poderosa lição para todos nós que desejamos desenvolver nossos sonhos criativos.

Segue abaixo uma oração que troquei com Lisa e que pode se mostrar útil para você em seu próprio processo criativo.

Uma Oração para o Anjo Shamael

Ó, Arcanjo Shamael,
Por favor, ajuda-me a compreender plenamente a lição da mudança e a sabedoria da incerteza, sobretudo quando eu for testado(a) por mudanças em minha vida.

Deixa-me ver como a adversidade leva à prosperidade, e mostra-me como a sabedoria reluz quando o caos leva à harmonia.

Por favor, direciona-me a administrar minhas questões ao longo do verdadeiro caminho do amor, para que eu não caia nas ilusões do mundo material e o contentamento divino possa ressoar pela respiração de cada instante e ajudar-me a realizar o desejo de meu coração.

Que assim seja.
Amém.

Uma Afirmação Diária para Atrair a Força de Shamael

Que eu tenha serenidade
Que eu confie em meus inícios
Que eu ame minha curiosidade
Que eu viva em paz

Meditação para Tornar-se Um com a Presença de Shamael

1. Encontre um espaço sagrado para você, seja em contato com a natureza, ou seu próprio quarto de meditação;
2. Acenda uma vela, queime jacinto (o perfume ou essência de Shamael) e coloque música ambiente para tocar, a fim de consagrar o espaço com intenções puras e amorosas;
3. Tendo consagrado o espaço, inspire e expire sua intenção de estar na presença de Shamael pelo espaço e, se você tiver uma madrepérola, segure-a na mão ou, se estiver deitado(a), coloque-a sobre o coração;
4. Alinhe a coluna, forme um *mudra*, unindo a ponta do polegar com a ponta do indicador. Sinta sua presença plenamente vigilante, quer você esteja sentado(a) ou deitado(a);
5. Respire profundamente, fazendo com que o ar-luz do Orbe LILÁS percorra todo o seu ser. Sinta SILÊNCIO, SOLIDÃO E QUIETUDE – a última nutrirá sua alma;

6. Respire profundamente e entoe OM sete vezes, a partir de seu chacra cardíaco. Isso atrairá a presença de Shamael para seu campo energético;
7. Descanse e perceba que uma força pura irradia de seu coração ao espaço à sua frente, cobrindo uma distância de pouco mais de dois metros. À medida que sua força se intensifica, imagine uma bela luz LILÁS surgindo na extremidade do raio de luz de seu coração. Essa é a força da presença do Anjo Shamael. Em seguida, descanse e ouça os sussurros oraculares da mágica presença desse Anjo, sussurros que são repletos de amor, serenidade e iniciativa. Enquanto medita, você sentirá a luz celestial das energias dos reinos arcangélicos de sétima dimensão amando e curando sua vida por meio da sagrada Comunhão com os Anjos da Atlântida.

Namastê

"O tesouro que jaz na profundidade infinita de sua alma é seu melhor amigo"

DEZ

Anjo Uriel

O Anjo Uriel é associado a inúmeras fábulas e lendas, nas quais a identidade deste Orbe Angélico assumiu uma variedade de formas e características diferentes. Pois Uriel sempre foi considerado muito versátil ao realizar feitos de grande magnitude.

Os nomes que já foram atribuídos a Uriel são "Fogo de Deus", "Anjo da Presença", "Chama de Deus", "Regente do Sol", Arcanjo da Salvação, o intérprete celestial e o "Príncipe da Verdade e do Conhecimento". Literalmente, essa nomenclatura não tem fim.

Uriel é o Anjo que permanecia à entrada do Jardim do Éden com a espada flamejante, como um Querubim. Foi ele o encarregado de enterrar o corpo de Adão no Paraíso. Uriel foi designado para acompanhar Noé e foi o primeiro ser a contar-lhe sobre o dilúvio iminente. Esse Anjo também recebeu o Livro da Cabala como presente a ser dado ao Homem. Uriel era o Mago da Alquimia, que deu sua protociência aos grandes Químicos, como dádiva à humanidade. E a lista de atividades de Uriel era ainda tão mais rica de significado, que esse Anjo passou a ser conhecido como "um dos Anjos imortais que acompanhavam o Deus imortal".

O Orbe cor-de-rosa de Uriel representa a união de Céu e Terra, manifestada por meio da beleza do coração humano. É o fruto do casamento entre a proclamação física do raio vermelho e o despertar divino do raio branco. Nessa forma, o raio cor-de-rosa que se derrama dele representa o amor incondicional. É a magia do amor que podemos oferecer a outra pessoa – um ato de pura doação, livre de interesse particular. É o amor que transforma e transcende o eu, levando-nos, pela compaixão, a um estado de maturidade espiritual. Esse é o amor incandescente repleto de "carisma", pois aquele que é dotado desse poder será fiel à noção de um coração totalmente aberto. Tais são as pessoas que se mostram calorosas e cordiais com os outros, usando consolo, tranquilidade, empatia e inspiração edificante como ferramentas para tocar os corações da coletividade.

Abundância, liberdade, amizade, compaixão e confiança são seus lemas; o amor eterno é seu raio de ação.

Essa esplêndida força angelical também pode receber os nomes de Ouriel, Auriel ou Oriel e, como anjo do destino, esse companheiro divino conhece plenamente os segredos de nossa encarnação pelos estratos de tempo passado e futuro. De fato, sendo companheiro, Uriel mantém um forte vínculo com o conhecimento de nossa jornada de vida, iluminando nosso caminho, conforme avançamos cambaleantes, ajudando-nos a trazer nossa alma de volta ao corpo, se escolhemos deixá-lo libertar-se – da adversidade, da doença ou dos excessos.

A Congregação dos Companheiros

Desse modo, na Atlântida, Uriel regia a Congregação dos COMPANHEIROS, que assistiam ao Sumo Sacerdote Rá Hórus, cuja energia visionária era aplicada mediante as faculdades da profecia, da arte e da beleza. O símbolo de Hórus, na Atlântida, era a conhecidíssima figura do oito, o símbolo do infinito, que representava a capacidade de Hórus de apreender os meandros da criação e a paisagem da eternidade, indicando a sacralidade da vida enquanto experiência eterna!

Mais tarde, no Egito, acreditava-se que Hórus fosse filho do Rei Osíris e da Rainha Ísis, ocupando, portanto, uma posição eminente, sendo igualmente identificado com o Sol e a majestade dos Reis-Sacerdotes: os Faraós. O símbolo de Hórus era o falcão divino, cujo olho que tudo vê representava clarividência, visão aguçada e consciência cósmica.

Do mesmo modo, o Templo atlante dos Companheiros era um santuário de profecia, cujos rituais tinham por objetivo despertar o olho que tudo vê, ou seja, a clarividência. Dos 12 Templos dispersos pelas congregações, esse era um dos mais belos – também circular, ele refletia o caráter da inclusividade do companheirismo, que é "tudo um só". O templo era pintado de branco, cor-de-rosa e azul cobalto, incrustado com quartzos rosas, transparentes e verdes prásino, e também pedras da lua e opalas, usadas para promover a sincronia do casamento ímpar entre Céu e Terra. O cor-de-rosa do quartzo rosa expandia a vibração dos fiéis com a natureza do chacra cardíaco cósmico e universal.

O Arcanjo Uriel rege o oitavo Chacra, o Chacra do Coração Universal (enquanto Zadkiel rege o décimo, o Chacra do Coração Cósmico), conectando o amor individual à ideia do amor universal – de que, no Universo, todos os seres vivos são uma força interconectada, o que faz surgir o companheirismo. Pois o Chacra do Coração Universal é o caminho pelo qual a alma desperta o corpo mental da pessoa, iluminando a convicção no fato de que "tudo o que está em cima, também está embaixo" e, assim, esclarecendo o poder do discernimento espiritual.

É por esse Chacra que a objetividade desperta e promove o abandono de crenças condicionantes, que já não funcionam como realidades na perspectiva de levar nossa vida como seres espirituais em uma jornada humana. Além disso, é pelo CORAÇÃO UNIVERSAL que recebemos mensagens oraculares dos reinos espirituais, mensagens essas que são transmitidas aos sete chacras pessoais dos corpos físico, emocional e mental.

Os atlantes ritualizavam constantemente sua conexão com o universo por meio desse chacra, pois ele era o vetor de força que sempre os conduzia à convicção da realidade não local do amor – de que o amor é tudo o que existe, é a consciência sutil de tudo o que existe e, portanto, evoca o companheirismo como um ingrediente essencial do Cosmos.

Assim, pergunte-se como você pode atrair a força de Uriel para seu próprio coração. As perguntas abaixo o(a) ajudarão a trazer a existência de Uriel para sua experiência de vida e, enfim, para sua alma. Aqui, o objetivo é permitir que essa presença Angelical circule por todas as células de seu corpo, de maneira que graça e verdade efetivamente se tornem carne. Portanto, quando você invocar Uriel, e a força desse maravilhoso Companheiro logo o(a) chamará ao propósito do amor e sua vida será transformada para sempre:

1. Meu coração está aberto ao amor?
2. Minha vida é um caminho para o companheirismo?
3. Que aspectos de meu ser orientam meu amor?
4. Sinto que meu amor pode abrir as portas da minha intuição?
5. O amor mencionado aqui não é "sentimental". Sendo assim, você consegue perceber a diferença?
6. Quem eu vejo em minha comunidade, ou no mundo, como um exemplo desse amor?
7. Realizo algum ato de compaixão em cada dia?
8. Com que frequência exercito a minha presciência, minha clarividência?
9. Desenvolvi a capacidade da visão interior em uma situação de companheirismo?
10. Eu escolho com quem partilho o pão (em outras palavras, desfruto de uma refeição na companhia de alguém)?
11. Consigo perceber a interconectividade da vida como um todo?
12. O que eu gostaria que Uriel me trouxesse especificamente?

Estude essas perguntas com atenção, tentando fazer emergir sentimentos profundos de seu núcleo interior e permitindo que as respostas permeiem o tecido mesmo de sua alma. Como resultado, você experimentará uma serenidade maravilhosa em seu íntimo, e ela permitirá que a verdadeira orientação influencie as principais decisões de sua vida.

Se isso não acontecer, busque técnicas de cura com um profissional de sua confiança, para ajudá-lo(la) a eliminar a toxidade física e emocional que turva sua percepção. Tente se libertar da força que aprisiona o aspecto sobrenatural de sua vida e bloqueia sua sensibilidade para receber orientação Angelical. A fé inspirada por Uriel inevitavelmente o(a) ajudará, porque ela vibra em harmonia com o máximo bem e o máximo amor celeste.

Quanto mais permanecemos no poder do reino Angélico, mais meditamos sobre suas energias sutis, mais rogamos pelo auxílio Angelical – e mais sentimos seu efeito essencial em nossa vida. Pois precisamos lembrar apenas que seu poder amoroso é uma frequência onipresente, e nossa vibração pessoal desacostumou-se a receber essa transmissão sutil. Portanto, habitue-se a meditar com regularidade, pratique cânticos e orações e você sentirá que se conectará mais facilmente com a supervia intuitiva em que circulam os Anjos.

Durante a colonização do Egito, depois do dilúvio que levou a Atlântida para seu túmulo nas águas, Rá Hórus levou a congregação dos COMPANHEIROS para a Grécia, onde lançaram as sementes de uma civilização que veio a exercer, como sabemos, enorme influência no desenvolvimento do mundo ocidental, embora essa colonização tenha ocorrido muito antes do Período Arcaico do oitavo século antes de Cristo, período que a história tradicional sugere como o da formação da Grécia antiga.

Os Sumos Sacerdotes Rá Horus e Apolo

No início da história da Grécia, surgiu uma mitologia que transformou o Sumo Sacerdote Rá Horus na pessoa de Apolo, ou Febo, na tradição romana. Apolo era o segundo Deus grego em importância, perdendo apenas para Zeus, pois Apolo era o Deus do Sol, da Profecia, das Artes e da Música, e era cultuado por sua natureza pura e purificadora. De fato, usava-se um símbolo do Sol para representar Apolo, pois, como Rá Hórus, ele parecia não apenas ter nascido do sol, mas ser uma sublime irradiação de sua presença, de modo que o Sol dominava a evocação desse ser divino.

Como o sagrado Templo de Rá Hórus na Atlântida, o culto a Apolo inspirou o famoso Templo de Delfos. A cidade de Delfos era considerada o ventre da Terra, o centro ou *Omphalos* do mundo conhecido e o próprio núcleo de todas as coisas sagradas – e seu Templo foi construído sobre uma fissura aberta na Terra.

Quando se entrava no Templo, via-se a seguinte inscrição sobre o lintel da porta: *Conhece-te a Ti mesmo, Sê verdadeiro com teu próprio eu.* Nos salões mais internos desse extraordinário santuário, as grandes Sibilas aplicavam seus famosos poderes oraculares com incrível perspicácia. Curiosamente, todos os Oráculos de Apolo eram mulheres, e havia um exegeta ou sacerdote-intérprete para auxiliar as Sacerdotisas. Quando elas falavam, como, por exemplo, quando a Pítia, conhecida como o Oráculo mais célebre, proferia seus peãs de louvor, o sacerdote registrava e interpretava seus dizeres. Portanto, as pessoas iam ao Templo por dois motivos principais, além da adoração ao próprio Apolo: para consular o oráculo em busca de orientação de vida, e para purificar-se de crimes que houvessem cometido.

De uma perspectiva arquetípica, Apolo representava aquele aspecto do ser que anseia pelo Logos Solar: a luz do mundo, da qual recebemos cura, elucidação perfeita, perdão, sabedoria e máxima iluminação. Pelo culto a Apolo, as pessoas se conectavam com o divino por meio da beleza da arte e da música, pois Apolo era o patrono da música e da poesia. De fato, as antigas lendas registram que ele levava as divinas Musas e seu coral celestial a curar por meio da música e da harmonia – ambas as quais estão estreitamente alinhadas com o trabalho dos Anjos, e é por isso que eles escolheram o símbolo do grande OM no Ícone que aparece no início deste capítulo.

Hermes (cuja identidade estava relacionada com Thoth) deu a Apolo uma lira extraordinária que, segundo a crença, tinha atributos mágicos que curavam tanto seres humanos como a natureza. Por isso, Apolo era considerado o Deus da Medicina e da Cura, cujo poder ele transmitiu a seu filho Asclépio.

O Arcanjo Uriel associa Asclépio com as principais medicinas de cura, e as filhas de Asclépio – Hígia, que significa "Higiene"; Iaso, que significa "Medicina"; Aceso, que significa "Saúde"; e Panaceia, que significa "Remédio Universal" – eram extensões dessa poderosa cura, cultuadas nos fabulosos Templos de Asclépio. Na realidade, o bastão de Asclépio e Hermes, um bastão com duas serpentes enroladas, ou caduceu, continua sendo o símbolo arquetípico da medicina ainda hoje.

A congregação dos COMPANHEIROS, na Atlântida, esposava os seguintes valores, que também eram fomentados por Rá Hórus:

1. Um vínculo sagrado com a interconectividade da vida e a criação consciente por meio da amizade;
2. Respeito pela cura, harmonia e felicidade próprias e dos outros;

3. Um respeito pelos sentimentos como linguagem da alma;
4. Uma crença absoluta na abundância do Universo;
5. A defesa das virtudes da honra e da confiança;
6. Um profundo reconhecimento da sacralidade do companheirismo;
7. Uma crença absoluta no direito de liberdade para todos;
8. Uma intensa percepção de que o amor é tudo o que existe, permeando as camadas da própria criação;
9. A capacidade de expandir a consciência, abrindo mão de ambições pessoais em favor de aspirações coletivas;
10. Um constante reconhecimento do panorama exterior como um espelho do panorama interior. Portanto, a percepção de que não existe culpa, apenas *insight*;
11. Veneração das joias eternas da graça e do amor na amizade;
12. A contemplação da beleza em todas as coisas, de modo a estabelecer a ordem Divina na criação.

Uma História sobre o Anjo Uriel

Um verdadeiro Apolo veio ao meu consultório alguns anos atrás. Jack era um garoto Índigo/Cristal cheio de luz, de 16 anos de idade, que havia participado de um de meus *workshops* de Cura Sonora Angelical em Londres. Ele passara por grandes dificuldades na escola tradicional – havia sido rotulado de disléxico e, não obstante, sua capacidade de ver a dor e o caos ocultados por aquelas pessoas que conduziam as culturas educacionais de que ele fazia parte propiciava-lhe uma percepção bastante aguçada para sua idade, o que inquietava muitas pessoas de seu convívio.

Jack era um barômetro emocional ambulante, um rapaz cheio de empatia e dotado de uma intensa percepção psíquica que literalmente internalizava o caleidoscópio dos estados emocionais vivenciados pela pessoa que estivesse ao seu lado. Ele era capaz de fazer uma leitura instantânea do indivíduo, e essa leitura revelava-se, em regra, em um retrato preciso do panorama interior da pessoa. Isso incluía a capacidade de ver, com olhos de raio-X, que órgão do corpo estava afetado e, ao fazê-lo, ele tomava para si a energia da pessoa, com o intuito de transformá-la. Jack fora à série de *workshops* para aprender métodos de delineação, desvinculação, para desenvolver uma mediunidade mais clara e maior proteção para servir tudo o que é.

Os índigos começaram a chegar ao planeta Terra na metade do século XVIII – Mozart era um Índigo. Eles têm extraordinárias habilidades de liderança e sentem que são enviados do céu para presentear a cultura em que nascem com notável criatividade ou a capacidade de defender determinada causa. Seu papel é penetrar a ordem estabelecida e mudar quaisquer sistemas carentes de integridade e, para tanto, costumam nascer com espírito guerreiro: são impetuosos, fervorosos e muito intensos. Os índigos tendem a ser dotados de habilidades alternativas de aprendizado, enfrentando grandes dificuldades diante dos princípios convencionais da educação, baseados na exatidão do lado esquerdo do cérebro, pois os processos criativos/intuitivos de seu cérebro direito predominam em sua consciência.

As Crianças Cristal começaram a aparecer no planeta durante a segunda metade do século XX, embora algumas tenham chegado antes disso. Esses seres são poderosíssimos e seu principal objetivo é nos conduzir ao próximo nível de evolução e revelar nossa divindade interior. Eles atuam antes como uma consciência coletiva do que como indivíduos, e vivem pela "Lei da Unidade" – a Consciência Crística Una. Apresentam forte capacidade telepática e sustentam a força do amor e da paz no planeta, tendo o oitavo Chacra totalmente desperto.

Jack desenvolvera as habilidades básicas de ler, escrever e fazer cálculos muito mais tarde que seus pares, não porque seu QI fosse baixo, mas por perceber a "realidade" a partir de uma perspectiva diferente. Por causa de sua sensibilidade, Jack se sentia deslocado em relação à maioria das pessoas, grupos e maneiras de ser, inclusive em relação a sua própria família.

Isso me levou a compreender que Jack era uma CRIANÇA ESTRELA, que ainda não havia identificado seu lar planetário.

Jack havia passado pelos estágios iniciais do Ensino Médio, onde sua alma sentia dificuldade de conviver com a pressão dos colegas no ambiente escolar, a competição acadêmica, os métodos de divisão de classes estudantis e a educação orientada para provas e exames. Ele confessou não se sentir superior, apenas muito diferente, e achava a falta de colaboração absurda; o garoto queria transformar a essência da competição na arte da colaboração e havia idealizado um método para mudar a cara da política tradicional. Imparcialidade, retidão, amor, verdade, bondade e boa vontade eram suas principais preocupações e, sem conseguir ver reflexos dessas joias no mundo, Jack se envolvera em atividades que amorteciam sua consciência: o consumo de álcool e drogas e a prática de atos violentos. Ele chegara mesmo a pegar o carro da mãe para "dar um rolê" antes de tirar a habilitação e batera o veículo. Felizmente, ele não se machucou nem feriu ninguém.

O garoto se sentia isolado e desconfortável para fazer amizade com outros adolescentes de sua idade, preferindo estar com pessoas "mais velhas", cuja conversa ele admirava. Jack procurava com afinco por pessoas de nível mais elevado e havia participado corajosamente de diversos grupos espirituais em Londres, na tentativa de estabelecer contato com a riqueza e desenvolver um vínculo vibracional com alguém com propensões semelhantes às suas. Em dada ocasião, ele também se sentira sexualmente atraído por outro jovem de sua idade, mas teve extrema dificuldade para declarar seus sentimentos. Embora Jack conseguisse entender esse comportamento intuitivamente, ele se sentia isolado, sem saber como fazer contato físico e emocional com os outros. Naquela idade delicada, ele ainda não havia processado o conhecimento que o tempo traz e não sabia que, pela experiência do aterramento, a maturidade poderia lançar luz sobre o caminho da vida.

Nós criamos um plano estratégico para atrair espíritos semelhantes para a vida de Jack, aqueles pelos quais o rapaz sentia empatia. Ele consistia em uma lista pragmática:

1. Que tipo de pessoa ele desejava conhecer?
2. Quais seriam os interesses dessas pessoas?
3. Qual seria sua origem social?
4. Qual seria seu nível de inteligência emocional?
5. Qual seria o grau de consciência de sua iniciação espiritual?
6. Qual seria o objetivo de conhecer tais pessoas – diversão, partilhar interesses, conviver com pessoas semelhantes a ele, namoro?
7. Quais seriam as vantagens?
8. Quais seriam as desvantagens?
9. Isso *pareceria correto* e a pessoa seria íntegra?
10. Como se proteger de perdas energéticas?

11. Qual seria a orientação da alma para a situação?
12. Onde havia começado essa existência da alma?

Enquanto eu elucidava esse processo e observava os muitos níveis da frequência vibracional de Jack, também notei que ele estava cercado de espíritos, tanto de espíritos guardiões de sua família, como da augusta linhagem espiritual de que sua alma obtinha grande sabedoria – alguns dos quais eram de origem extraterrestre, e outros ligados ao conselho intergaláctico.

O Raio Cor-de-Rosa de Uriel derramava-se suavemente sobre aquele grupo sagrado, de modo que incentivei Jack a invocar esse inigualável companheiro Angelical em suas meditações diárias, fazendo-lhe pedidos e abrindo-se para receber transmissões. Ao fazê-lo, Jack percebeu que sua meditação passou a ser mais profunda, promovendo maior quietude e atraindo a magia de Uriel, que brilhava mais plenamente. Era comum Jack sentir o cheiro de essência de alecrim, o cartão de visitas característico de Uriel, bem como a força vibracional que ressoava o elixir desse Anjo em terceira dimensão.

Curiosamente, durante esses períodos de contemplação profunda, aconteciam diversas ocorrências mágicas para ajudar Jack em seu processo, e uma delas foi a manifestação de uma maravilhosa nutricionista chamada Ariel (mais um dos nomes de Uriel), que, mediante sequências de testes musculares, conseguiu descobrir a que alimentos e líquidos Jack era alérgico. Isso mudou radicalmente todo o regime de Jack, pois Ariel descobriu que trigo, açúcar, laticínios, café e chá eram substâncias que provocavam reações alérgicas em Jack e vinham causando distúrbios gerais à saúde do rapaz.

Pesquisas contemporâneas mostram que os alimentos que ingerimos têm efeito substancial sobre nossa consciência e que, conforme vivenciamos as grandes mudanças de força que ocorrem em nossa Galáxia, nós também desenvolvemos maior sensibilidade a toda a bioquímica de nossa vida. Sem sombra de dúvida, seres Índigo e Cristal sofrem sérias alterações de humor se expostos a alimentos geneticamente modificados ou àqueles que não têm máximo grau de pureza. Tais alterações de humor costumam resultar em hiperatividade.

O mineral de Uriel é o quartzo rosa e, por isso, usar uma pedrinha de quartzo sobre o chacra cardíaco também ajudou a modificar a intensa absorção de estímulos de Jack, e ele finalmente começou a se sentir mais centrado e em harmonia.

Abaixo, trago uma oração que recomendei a Jack e que pode ser útil para você atrair Uriel para seu campo energético.

Uma Oração para o Anjo Uriel

Ó, Arcanjo Uriel,
Como desempenhas o papel de uma presença estabilizadora aqui na Terra, por favor, vela por mim, para que eu possa trilhar o caminho da gentileza e do cuidado.
Por favor, ensina-me a estar no mundo sem ser do mundo, permitindo que meus dons espirituais se revelem e conduzindo minha vida material para a prosperidade.
Sou um(a) filho(a) do destino e, por isso, mostra-me o caminho da máxima alegria, pela qual o caminho do amor acabará por manifestar-se.
Portanto, peço a graça de me trazer companheiros para estarem a meu lado em meu caminho, para que eu possa vivenciar a alegria da amizade.
Que assim seja.
Amém.

Uma Afirmação Diária para Atrair a Força de Uriel

Que eu seja próspero(a)
Que eu sinta liberdade constante
Que eu ame minhas amizades
Que eu viva em confiança

Meditação para Tornar-se Um com a Presença de Uriel

1. Encontre um espaço sagrado para você, seja em contato com a natureza, ou seu próprio quarto de meditação;
2. Acenda uma vela, queime alecrim (o perfume ou essência de Uriel) e coloque música ambiente para tocar, a fim de consagrar o espaço com uma intenção pura e amorosa;

3. Tendo consagrado o espaço, respire sua intenção de estar na presença de Uriel pelo espaço e, se você tiver um pequeno quartzo rosa, segure-o na mão ou, se estiver deitado(a), coloque-o sobre seu coração;
4. Alinhe a coluna, forme um *mudra*, unindo a ponta do polegar com a ponta do indicador. Sinta sua presença plenamente vigilante, quer você esteja sentado(a) ou deitado(a);
5. Respire profundamente, fazendo com que a luz do raio COR-DE-ROSA percorra todo o seu ser. Sinta SILÊNCIO, SOLIDÃO E QUIETUDE – a última nutrirá sua alma;
6. Respire profundamente e entoe OM sete vezes, a partir de seu chacra cardíaco. Isso atrairá a presença de Uriel para seu campo energético;
7. Descanse e perceba que uma força pura irradia de seu coração ao espaço à sua frente, cobrindo uma distância de pouco mais de dois metros. À medida que sua força se intensifica, imagine um belo Orbe de luz COR-DE-ROSA surgindo na extremidade do raio de luz de seu coração. Essa é a força da presença do Anjo Uriel. Em seguida, descanse e ouça os sussurros oraculares da mágica presença desse Anjo, sussurros que são repletos de amor, serenidade e iniciativa. Enquanto medita, você sentirá a luz celestial das energias dos reinos arcangélicos de sétima dimensão amando e curando sua vida pela sagrada Comunhão com os Anjos da Atlântida.

Namastê

"Dentro da câmara secreta do coração vive um poderoso consolador"

ONZE

Anjo Zadkiel

Dentro do círculo divino dos 12 Anjos da Atlântida, Zadkiel representa a força benfazeja do "consolo", concedida por Deus a esse ser celestial para que faça sua dispensação por meio da misericórdia, da graça e da benevolência.

Esse é o "consolo" que revigora nossa vida com uma profusão de instrução amorosa a respeito do poder de nossa vulnerabilidade e de nossa tremenda fragilidade. Esta é a vibração que "faz o coração estremecer", como nos sentimentos de amor, compaixão, empatia, não julgamento, bondade, paciência, sinceridade, perdão e gratidão – para citar apenas alguns.

Pela qualidade da força criada por esse "campo de intenção", Zadkiel nos protege e defende dos demônios, projeções e medos que nós mesmos criamos – pois, não se engane, nós mesmos predeterminamos nossa angústia ao ignorar a importância de nossa alma, de nossa inteligência emocional, de saber que o pensamento cria a realidade e o sentimento concretiza a criação. Quando despertamos para a nova liberdade desse conhecimento, percebemos que tudo sobre a terra é bom ou mau na medida em que o pensamento o faz bom ou mau – que estar consciente significa ver a felicidade como uma decisão, não uma condição.

Quando vibramos assim, Zadkiel nos concede uma sabedoria benfazeja, permitindo que vejamos claramente através de quaisquer dos obstáculos eternizados por nossos próprios padrões e crenças limitantes: aqueles impedimentos que nos impedem de tocar nossa própria abundância espiritual. Zadkiel literalmente nos mostra o que precisa ser trazido à luz e curado. Então, quando tais coisas são identificadas e transmutadas, podemos abrir o coração à graça divina, aspirar à pura alegria e sentir a generosidade e a bondade permeando o mundo. Mas isso acontece apenas quando curamos a negatividade, entregando-a às poderosas ministrações de Zadkiel.

O trabalho com Zadkiel implica o fluxo contínuo de um tesouro, fluxo esse sustentado pelo amor divino que emana desse Anjo, oriundo da força de nosso próprio amor espiritual e ativado pela convicção, pela fé e pela confiança. Pois, não esqueça, a Fonte é um lugar de possibilidades criativas que se abrem eternamente, um lugar repleto de amor e alegria. Não há escassez; por isso, não é necessário reservar sua força, basta crer no esplendor da ação criativa amorosa.

Nisso, Zadkiel reina supremo, ensinando-nos a confiar na máxima benevolência e orientação de Deus, pois a nós basta nos desapegarmos das coisas e deixarmos Deus entrar. Então, a liberalidade do Universo – na realidade, da Fonte – fica clara aos nossos olhos. A Fonte nos abre seus portões celestiais e sentimos que lá, no invisível, tudo é sempre de uma limpeza imaculada, todos os aparelhos funcionam, o pó nunca se acumula e todos os seres são esbeltos e elegantes.

Zadkiel, Hesediel, Tzadqiel, Satqiel ou Zaquiel são os muitos nomes encontrados registrados para este único Anjo. Zadkiel é reverenciado na tradição rabínica pela imensa compaixão que dispensa a indivíduos realmente importantes. Por exemplo, sugere-se que tenha sido Zadkiel o Anjo que impediu Abraão de assassinar o filho Isaac, e também aquele que amparou Adão com o perdão após o drama da perda da inocência no Jardim do Éden.

A Congregação dos Consoladores

Na Atlântida, a força de Zadkiel, como emanação do máximo bem, aliava-se à congregação dos CONSOLADORES e à Suma Sacerdotisa ÍSIS, que personificava a devoção à causa do arquétipo da Grande Mãe, concedendo a força de seu "conforto" diretamente da Galáxia.

A congregação dos CONSOLADORES dava assistência ao trabalho vibracional de outras congregações, como a dos CURADORES, sustentando a misericórdia e a compaixão como peças-chave de seu culto e serviço. E isso eles faziam mediante a constância de ritual, culto e devoção: passando seu tempo em contemplação meditativa e concentrando-se nas energias interestelares que se derramavam no Templo – cuja câmara central tornou-se o Santo dos Santos, abrigando extraordinárias energias dos 12 planetas da galáxia. Tais energias ficavam armazenadas nos cristais mantidos no santuário, na consciência viva da larimar, da ametista, do cristal de quartzo, do diamante, da água-marinha, da pedra da lua, da opala, da tanzanita, do topázio, do quartzo rosa, da lápis-lazúli e da esmeralda – todas essas pedras emprestavam sua força à amplificação dos ideais espirituais.

Os ideais e rituais da congregação dos CONSOLADORES eram dedicados à promessa do Chacra do Coração Cósmico (o décimo chacra, situado entre o coração e a garganta) ajustado para estar em harmonia com os centros de energia do corpo sutil e do corpo material. O poder desse chacra era dinamizado pelo uso de colares feitos com o mineral sagrado conhecido como Larimar. A Larimar ou Pedra da Atlântida era largamente usada nas vestes dos povos atlantes, o que possibilitava uma amplificação das energias de frequência mais elevada. O décimo chacra alinha a encarnação da alma com a interconectividade do amor cósmico. Assim, essa congregação ajudava a manter e sustentar muitas das demais funções sagradas do continente atlante em um abraço forte e reconfortante.

Para receber consolo a partir da leitura deste capítulo, observe o semblante sereno do ícone que inicia este capítulo. Perceba como a imagem de

Maria, a Mãe Divina, parece fitar para o céu, ao passo que o olhar de Jesus, o Cristo menino, penetra seu ser. A natureza primorosa do Cristo – que significa "o ungido" – carregava o potencial do circuito do amor-luz em sua carne e corpo sutil. Sua Mãe Maria era uma iniciada, uma sacerdotisa de Ísis, e o ícone foi escolhido pelos Anjos da Atlântida para ajudá-lo(la) a sentir o amor inquestionável da Mãe Divina inundando sua consciência. *Qual é a sua sensação?*

Pergunte-se amorosamente como você pode desejar atrair a força de Zadkiel para penetrar mais fundo em seu coração. As perguntas a seguir o(a) ajudarão a trazer a existência de Zadkiel para sua experiência de vida e, por fim, para sua alma. O objetivo aqui é que essa presença Angelical se movimente pelas células de seu corpo, em seu nível infinitesimal, para que o amor, a alegria, a gratidão e a segurança habitem o âmago mesmo de sua carne. Portanto, quando invocar Zadkiel, a força deste maravilhoso Consolador logo o(a) chamará ao propósito de seu amor e, ao fazê-lo, sua vida será imediatamente transformada:

1. Meu coração está aberto à possibilidade e profundidade do Amor Cósmico?
2. Minha vida é um canal de amor, aliviando o sofrimento dos outros?
3. Que parte de mim precisa ser libertada antes que eu aceite o Amor Divino?
4. Meu coração, meu coração universal e meu coração cósmico estão abertos a serem um cadinho vivo para o Amor do Cristo Cósmico?
5. Que sentimentos eu percebo que invocam a totalidade do amor de meu coração?
6. O que penso do fato de outras formas de vida do Universo terem um amor semelhante ou, talvez, até mais elevado?
7. Eu busco consolo e a ideia de SATISFAÇÃO em cada ato de meu dia?
8. Vivo em constante gratidão pela generosidade e pela abundância do planeta Terra e do Universo?
9. Consigo me conectar com a noção de SEGURANÇA ou "cura do eu" para preencher meus dias?
10. Posso me ver como um(a) Filho(a) das Estrelas? Em caso positivo, de onde eu sou?

11. Eu me permito sentir de que planeta deriva minha origem?
12. Se minha vida fosse dedicada ao caminho de amor de Zadkiel, o que eu faria e seria com aquela energia amorosa?

Ponderar sobre essas questões trará inspiração, conforto, consolo e alívio ao prospecto de sua vida como ser de luz do Universo em forma humana. Como consequência, você vivenciará uma maravilhosa sensação em seu íntimo, oriunda do Cosmos, que permitirá que verdadeira graça e orientação celestes influenciem suas principais decisões de vida. Se isso não acontecer, busque técnicas de cura com um profissional de sua confiança, para ajudá-lo(a) a eliminar aquilo que turva sua capacidade de receber as vibrações de amor do Universo.

Tente se libertar da força que bloqueia as amorosas pulsações e sensações da vida, aquela obstrução que reprime sua sensibilidade, e você receberá a orientação Angelical que vibra a forma mais elevada do amor celeste.

Esse é o tipo de amor que transborda da frequência luminosa do orbe da presença de Zadkiel. Esse é o amor que influenciava o poder de Ísis, como evocação da Mãe Divina. De fato, quando a vida dos atlantes sofreu consideráveis alterações durante o período final da civilização, foi Ísis quem levou a congregação dos CONSOLADORES à região que hoje conhecemos como Palestina e a colonizou. Foram eles os responsáveis pela criação das Comunidades Essênias e, de uma dessas comunidades nessa região, nasceram Maria Madalena e Maria, que deu à luz Jesus ou Jeshua. Essas duas mulheres eram iniciadas espirituais altamente treinadas, que assumiram o papel de Sacerdotisas de Ísis, como foram ungidas para desempenhar.

A comunidade dos essênios era um assentamento no deserto judaico, junto da margem ocidental do Mar Morto, conhecida, nos tempos antigos como hoje, pelo nome de Qumran. Esse povo admirável vivia sob a poderosa influência dos ensinamentos atlantes e tentava viver sua vida como canais da paz. O que dava forma a sua fé era a forte influência do culto ritual a Ísis.

Ísis e a Lua

Ísis ensinou ao povo essênio a magia de suas artes de cura, derivadas principalmente de sua comunicação direta, conhecimento e culto à Lua. Esse orbe celeste tem uma gigantesca força magnética que atua sobre a bioestrutura do planeta Terra (consulte o Prólogo e veja como o planeta Terra foi, no passado, um Orbe aquoso vivo que se movimentava em conjunção com mais de uma lua) e, portanto, também sobre os seres humanos.

Além de carbono, nitrogênio, oxigênio e hidrogênio, 85% de nosso corpo é constituído de água. Esse elemento aquoso, misturado aos fluidos de nosso corpo, correndo pelo sistema circulatório de nosso ser, está em estreita conexão com nosso corpo emocional e, portanto, com a imensidão de nossos sentimentos. É nessa medida que bem se sabe que, se várias mulheres viverem juntas, suas energias emocionais se sincronizam durante o período de seu ciclo menstrual mensal, por volta da Lua Cheia.

Do mesmo modo, podemos ver o efeito que a Lua exerce sobre o movimento das marés oceânicas da Terra, ou nos cristais de água de nossa vida – como se vê na obra do professor Masaru Emoto, que trata dos *Milagres da Água*. Emoto ilustra como formas-pensamento, ao passar por água congelada, produzem incríveis padrões geométricos, demonstrando claramente que o pensamento cria a realidade e que a emoção concretiza o pensamento. Tudo isso nos permite ver que a Lua governa as marés e as correntes de vida do planeta.

Portanto, a Lua, a regente das marés,
Pálida em sua fúria, torna úmido o ar,
Fazendo doenças reumáticas sobejar.
E, por causa dessas perturbações, vemos
As estações a mudar.
— Shakespeare

A Sacerdotisa Ísis no Egito

No antigo Egito, Ísis era conhecida como a personificação da Mãe Divina, assim como Kali, no Hinduísmo; Quan Yin, no Budismo; ou Mãe Maria, no Cristianismo, eram e são conhecidas como detentoras do mesmo poder. Acreditava-se que a ÍSIS egípcia era filha de Geb, o Deus da terra, e Nut, a Deusa do céu, e irmã-consorte de Osíris, que governava juntamente com ela e, assim, distribuía a magnanimidade dos eternos de forma ímpar sobre a Terra.

Mais tarde, na Grécia e Roma antigas, Ísis assumiu a identidade da Deusa Deméter (na Grécia) e da Deusa Ceres (em Roma), que eram vistas, do mesmo modo, como o arquétipo maternal.

O arquétipo da mãe nos impele a cuidar dos outros por meio da generosidade e da empatia, o que promove a satisfação interior de cuidar. Assim, o aspecto consolador ou acalentador do arquétipo de Deméter/Ceres se expressa pelas profissões de auxílio e cura – ensino, o cuidado da saúde, aconselhamento. De fato, qualquer trabalho que console e ajude os outros está fundamentalmente vinculado a esse arquétipo.

Deméter era a Deusa mais generosa do panteão, propiciando à humanidade a esperança do amor, a paixão pela agricultura, o desejo de abundância material e o fervor espiritual das Escolas de Mistério de Elêusis. Nessa mesma linha, muitas líderes espirituais irradiam os atributos de Deméter: a santa Madre Teresa de Calcutá; a mulher simplesmente referida como "a Mãe" no papel de líder espiritual do Ashram Sri Aurobindo; Mary Baker Eddy, que fundou a Igreja Científica Cristã. E cada atributo simboliza a natureza divina da Mãe ao cuidar primeiro das necessidades físicas; oferecer, em seguida, apoio emocional; e, então, conduzir pelo caminho da sabedoria espiritual, de modo que o indivíduo seja consolado na doença, aliviado do sofrimento, reerguido após a decepção e redirecionado, quando perdido. Nessas medidas encontram-se, de forma velada, o significado e o mistério da vida.

A congregação dos CONSOLADORES da Atlântida esposava os seguintes valores, promovidos por ÍSIS:

1. Um contrato sagrado com a paixão de acalentar e consolar aqueles que estão aflitos;
2. Respeito pelas artes da cura e pela criação da harmonia divina;
3. Uma aclamação de que a profunda magia terrena promove a realização dos sonhos divinos;
4. Respeito pela Lua como propiciadora de amor magnético e de todo o cuidado necessário;
5. Que aquele que oferece alívio, consolo e paz está reconhecendo a fonte do infinito;
6. Obediência a um profundo amor pela estrutura consoladora do universo e de todos os planetas;
7. Uma crença absoluta na força sagrada da Mãe Natureza como aspecto do Divino;
8. Uma profunda consciência de que o amor é tudo o que existe e reverbera pelas próprias areias do tempo;

9. A capacidade de expandir o coração à plena criação de felicidade e alegria;
10. Entrega constante à poderosa orientação da Mãe Divina;
11. Veneração das joias eternas do consolo e do alento;
12. Uma devota meditação dos princípios de Ísis na evocação de sua natureza ceifeira.

Uma História sobre O Anjo Zadkiel

O deslumbramento diante do mistério da vida nunca cessa de provocar arrepios de espanto em meu corpo quando examino a sagrada majestade e a profanidade terrena de nossa vida. Ao revisitar as ideias de ordem e caos, luz e trevas, a imensidão e as trivialidades, a doçura e a amargura, a esperança e o desespero, a perseverança e a rendição, a coragem e a corrupção, o nobre e o ignóbil, a abundância e a aparente escassez, a concordância e o conflito, a ascensão que é a vitória do amor e o declínio que é a atitude de vanglória, reconheço que isso tudo tem sido a sequência contrastante de nossa vida até este tempo de renascimento.

O que me deixa intrigado é que muitos de nós raramente refletimos sobre esses estágios, a menos que nos defrontemos com um dos vívidos momentos de discernimento da vida. Os dias e noites que afligem nossa compreensão das coisas, os momentos que nos encorajam a mergulhar em nós mesmos, a tentar encontrar o consolo mais terno, mais resiliente, mais sábio e mais amoroso que existe nos recônditos do subterrâneo de nosso inconsciente. Pois, não se engane, se conseguirmos chegar até lá, nós alcançamos a promessa mesma e o portal de nossa alma.

Um caminho alternativo é revisitar as grandes alegrias da vida, as alturas estonteantes da inspiração, os momentos sublimes de elevada alegria como uma estrada para a essência de toda a essência. Apesar disso, parece que preferimos escolher o desespero à inspiração, mergulhar fundo nas fendas e circos glaciais de nossa mente a fim de provocar mudanças.

Zadkiel entra naquela região mais profunda de nossa consciência pelos canais do amor divino. Valente, penetrante e firme em seu intento, esse grande CONSOLADOR nos traz o amor mais profundo, a bênção mais grandiosa e o máximo consolo possíveis. Costumo me pegar ansiando, implorando, seduzindo afetuosamente o amado Zadkiel a se aproximar e trazer aquele consolo angelical que transmuta toda a dor – para auxiliar a pessoa querida que enfrenta o desespero, a morte, a dor, a tristeza ou a total perplexidade de um reinício psíquico.

Os grandes poetas revelam sua apreensão diante desse espaço. Por exemplo:

Pior, não há nada pior: Atirado mais fundo que às profundezas do sofrimento,
Ainda mais dores, aprendendo das anteriores, torturarão com maior crueldade.
Consoladora, onde, onde está o teu consolo?
Maria, nossa mãe, onde está teu refrigério?
Meus gritos arquejam, como de rebanhos inteiros: concentrados numa dor
Principal, uma dor primeira: a dor do mundo; sob os golpes de um malho,
Estremecem e cantam, então amortecem e se vão. Gritara a Fúria:
"Não te demores, deixa-me ser cruel; na força, devo ser breve"
Ah, a mente, a mente tem montanhas e altos despenhadeiros
Temerosa vertigem que jamais se imaginou.

– Gerard Manley Hopkins

Palavras desse tipo nos levam àqueles abismos profundos, aqueles espaços sondados pelos grandes poetas e artistas porque eles também os conhecem. Talvez eles nos deem uma explicação quando estamos presos naqueles momentos em que enfrentamos a pavorosa profundeza do medo, a longa e amarga noite escura da alma, a grave tragédia da morte ou a devastadora batalha contra a doença.

Tive um desses encontros com a dolorosa fronteira entre a vida e a morte ao conhecer Rogiero. Ele tinha 62 anos e vivera uma vida de muito estresse, oriundo do medo profundo e sutil de não se dar valor. Esse medo o dominara com tal intensidade, que ele raramente expressava como de fato se sentia diante da vida que ele havia manifestado. Era um carma pesado, e eu o conheci quando ele procurou pela Cura Sonora, durante uma provação por causa de um câncer.

Rogiero havia sido um alfaiate qualificadíssimo em uma loja da Saville Row (a tradicional rua da alfaiataria personalizada em Londres, famosa já há mais de 200 anos), onde trabalhara a maior parte de sua vida adulta. De fato, Rogiero era um excelente profissional, com uma habilidade incrível, profundo conhecimento de tecidos e tecelagem, e uma noção assombrosa – graças a seus anos de experiência – de como criar um estilo personalizado para cada um de seus clientes. No entanto, ele estava sempre sabotando e desvalorizando todas essas qualidades únicas.

A hierarquia da loja em que ele costurava era extremamente injusta, carente de inteligência emocional, criando deformidades e permitindo a ocorrência de conflitos entre colegas de trabalho, qualquer que fosse sua posição ali dentro. Quando esteve comigo, Rogiero contou história após história sobre a brutalidade emocional de seus colegas, que estavam constantemente disputando por poder, atirando sua hostilidade uns nos outros, ocupando-se de sabotagem emocional e, ao que parecia, usando aquele homem comedido como seu "saco de pancadas".

Rogiero sempre recebia "os dardos e setas do violento destino", tanto que minha visão de Rogiero no trabalho era a de São Sebastião, atingido por flechas e mais flechas de maldade. Na época em que o conheci, seu corpo havia chegado ao limite: Rogiero havia sofrido em silêncio por tanto tempo que, àquela altura, a morfina neutralizava parte do desespero, da dor e dos conflitos.

Da perspectiva cármica, Rogiero estava fazendo importantes escolhas de vida em níveis profundos de sua alma, escolhas oriundas de vidas passadas, em que ele havia sido cruel com os outros, causando grandes sofrimentos. Rogiero aceitou isso de bom grado e, para mim, foi um privilégio amparar aquele irmão durante a expiação de seu carma, por meio do nobre rito de purificação conhecido como Chama Violeta.

No entanto, ao longo das últimas semanas de vida de Rogiero, também notei claramente, e com espanto, o constante suporte consolador de um belo Orbe cor de larimar pairando junto da presença dele. A luz dos raios de delicada sintonia inundava o campo energético de Rogiero com um amor sublime, e ele comentou que grande parte de sua dor emocional desapareceu. Ao mesmo tempo, seu semblante tornou-se mais suave, gentil e amoroso. Era a presença de Zadkiel, que o acariciava com o maná sublime do céu.

De forma muito respeitosa, eu usava a força desse belo Anjo consolador durante as sessões com Rogiero, atraindo inevitavelmente a energia para mim a fim de retransmiti-la ao campo energético de Rogiero, já muito enfraquecido, e assim carregá-lo com a força positiva do *Chi* daquela dádiva. Então, numa tarde, ele entregou suavemente o espírito, conduzido em paz, amor e bênçãos às dimensões mais sutis da existência, com a ajuda de Zadkiel. Em seguida, permaneci sentado por um longo tempo, sentindo a luz Larimar desse Anjo Consolador banhando todo o meu ser com a firmeza da convicção, da constância e da doçura que dissolviam qualquer vínculo com o desfecho da vida de Rogiero ou com o serviço que prestei durante aquela passagem.

Se você está passando por angústias semelhantes, por favor, lance mão dessa poderosa força consoladora e, com fé na existência de Zadkiel, você também sentirá a luz dos invencíveis preenchendo seus dias e noites com paz, amor e graça. E, a fim de concentrar a força Angelical ao longo de sua vida, por favor, pratique o louvor, a rogativa e a sensação de participar do pacto sagrado de meditação e oração.

Pode-se louvar e rogar por meio de cânticos e orações (veja a oração abaixo), percebendo-se protegido(a) pela força dos iluminados na participação de um ato sagrado.

Uma Oração para o Anjo Zadkiel

Ó, Arcanjo Zadkiel,
Agradeço pelo consolo e abundância do socorro Divino que tu revelaste em meu íntimo neste dia.
Agradeço por me banhar nos raios de teu amor profundo e incandescente, que brilha a partir dos recônditos do céu, trazendo consigo todas as bênçãos dos Anjos.
Por favor, permite que eu respire a pura luz do Pranayama imortal, para que minha força e vitalidade possam animar a vida de meus amados com a luz, o amor e a alegria de Deus.
E, ao passar por nossa vida, por favor, desperta em nós a glória de nossa gratidão pelos dons do espírito.
Que assim seja.
Amém.

Uma Afirmação Diária para Atrair a Força de Zadkiel

Que eu sinta gratidão
Que eu esteja sempre em segurança
Que eu ame infinitamente
Que eu viva em confiança

Meditação para Tornar-se Um com a Presença de Zadkiel

1. Encontre um espaço sagrado para você, seja em contato com a natureza, ou seu próprio quarto de meditação;
2. Acenda uma vela, queime sálvia (o perfume ou essência de Zadkiel) e coloque música ambiente para tocar, a fim de consagrar o espaço com uma intenção pura e amorosa;
3. Tendo consagrado o espaço, inspire e expire sua intenção de estar na presença de Zadkiel pelo espaço e, se você tiver uma pequena Larimar, segure-a na mão ou, se estiver deitado(a), coloque-a sobre seu coração;
4. Alinhe a coluna, forme um *mudra*, unindo a ponta do polegar com a ponta do indicador. Sinta sua presença plenamente vigilante, quer você esteja sentado(a) ou deitado(a);
5. Respire profundamente, fazendo com que o ar-luz percorra todo o seu ser. Sinta SILÊNCIO, SOLIDÃO E QUIETUDE – a última nutrirá sua alma;
6. Respire profundamente a luz Larimar e entoe OM sete vezes, a partir de seu Chacra Cardíaco. Isso atrairá a profunda presença de Zadkiel para seu campo energético;
7. Descanse e perceba que uma força pura irradia de seu coração ao espaço à sua frente, cobrindo uma distância de pouco mais de dois metros. À medida que sua força se intensifica, imagine um belo Orbe de luz AZUL-TURQUESA surgindo na extremidade do raio de luz de seu coração. Essa é a força da presença do Anjo Zadkiel. Em seguida, descanse e ouça os sussurros oraculares da mágica presença deste Anjo, sussurros que são repletos gratidão, segurança e consolo. Enquanto medita, você sentirá a luz celestial das energias dos reinos arcangélicos de sétima dimensão amando e curando sua vida pela sagrada Comunhão com os Anjos da Atlântida.

Namastê

O Amante Sagrado

"Almas grandiosas anseiam experimentar o êxtase de tudo que há no amor"

DOZE

Anjo Zafkiel

O sagrado raio-amor de tom alaranjado-cornalina desse Anjo extraordinário derrama-se sobre nós de um lugar absolutamente supremo: do núcleo do circuito de amor-luz da Fonte. Ele é impregnado da compaixão, do êxtase, do romance e da entrega da ordem cósmica da frequência feminina divina e é transportado pela fosforescência do raio prateado, que ressoa a partir da frequência elétrica da alma. É repleto do hálito mesmo de Deus. Esta é a força da alma grandiosa que, no passado, relutou em habitar o corpo de barro, milênios atrás. É a alma que, então, ficou fascinada pelo êxtase da música excelsa, de modo que só havia uma escolha – encarnar!

A natureza desse amor-luz funde-se com nosso mundo físico por meio de variadas oitavas ou graus e, por fim, derrama-se em nosso corpo físico, se estivermos dispostos a sermos sustentados por seu amor. Isso traz incandescência a nosso ser de carbono, uma força que literalmente se infiltra pelo contínuo de espaço-tempo e ilumina nosso caminho com um êxtase sublime. Portanto, Zafkiel nos inspira infalivelmente a atos de grande amor, incentivando-nos a realizar feitos de compaixão pessoal e idílio divino.

Zafkiel, Zafchial, Zafiel, Zofiel ou Cassiel – todos esses nomes são usados nos textos antigos – é o agente da graça de Deus que ensina que a verdadeira compaixão é uma das forças de vibração mais elevadas. Pois a essência da compaixão está mergulhada na inclusividade do amor incondicional, o amor que jorra da fonte mesma do eterno, e é por isso que esse Anjo costuma ser visto, nos textos místicos, como uma figura solitária atravessando o vale de lágrimas e sombras por onde perambulam os cansados, os tristes e os perdidos, a fim de lhes oferecer misericórdia, compaixão e amor.

Portanto, quando nos sentimos em conflito com o mundo, quando nos sentimos sozinhos e desolados, Zafkiel sempre aparece, se o invocarmos. Quando invocado, esse maravilhoso Anjo nos faz recordar o amor que transborda do âmago da Fonte e que, em momentos de isolamento, pode ser esquecido. Assim, esse Anjo do Amor Sagrado nos incentiva a encontrar verdadeiro romance na vida, entregando-nos ao êxtase da paixão e permitindo-nos pulsar com a alegria da bem-aventurança e em devoção ao Divino. Esse ideal de amor tem um esplendor único nas oitavas de emissão divina, pois ele transborda do centro do próprio fogo-amor:

> *Chegou a hora de transformar seu coração*
> *Em um templo de fogo.*
> *Sua essência é ouro escondido no pó.*
> *Para revelar seu esplendor*
> *Você precisa arder no fogo do amor.*
>
> *Você é a cura oculta no fogo.*
> *Velados na dor e na tristeza*
> *Estão sua compaixão e seu amor.*
> *Você não está apenas no céu;*
> *Vejo Suas pegadas*
> *Por toda a Terra.*
> *– Rumi*

Se abrirmos nosso coração e nos entregarmos por inteiro a esses momentos de paixão divina, podemos nos surpreender com o que flui através de nós – pois, nesses momentos, há um pacto sagrado, rico, com o potencial do amor enlevado, da beleza, da ternura, da criatividade e da graça. Basta nos rendermos ao impulso da liberdade-amor, em vez de nos furtarmos à dança da vida, por medo de perdermos o objeto de nosso desejo – medo de perder nossa relação com Deus... O que poderia ser mais estranho?

Na Atlântida, Zafkiel alimentava todos os aspectos da vida por meio da criatividade do Universo. Esse Anjo oferecia vislumbres de outras realidades, enquanto derramava bênçãos de ordem divina sobre tudo. Tais bênçãos transmitiam tanta sabedoria sublime, que o crescimento espiritual era imediatamente acelerado, pois Zafkiel era o guardião da profundidade de convicção na essência mesma de todas as coisas sublimes, ou seja, do amor.

A Suma Sacerdotisa Hathor

A existência gloriosa desse amantíssimo Anjo era nutrida pela Suma Sacerdotisa HATHOR, que, enquanto sensual sacerdotisa-amante, dedicava sua existência à invocação da vida por meio da sublime paixão da existência terrestre. Sua forma de culto estava intimamente associada ao prazer e à criatividade da beleza, do êxtase, do amor sagrado, da fertilidade e do destino pessoal. De fato, um dos principais papéis de Hathor era definir o destino de cada indivíduo, determinando o caminho de vida ou a lição espiritual que estaria adiante.

O rito do "contrato da alma" era ministrado por intermédio de Háthor, dos sacerdotes e sacerdotisas que a serviam como canais sagrados de seus ensinamentos. Esses ungidos eram suas dedicadas sentinelas e desempenhavam funções específicas na revelação paulatina de cada aspecto do amor sagrado.

O Templo dos AMANTES SAGRADOS era decorado com cornalinas, rubis, lápis-lazúlis, larimares, quartzos rosa e diamantes. Na atmosfera repleta de amor no interior do Templo, realizavam-se importantes festivais centrados no Sol e em Vênus. Este último é o planeta sagrado dos amantes e é considerado, na maioria das culturas da Terra, um planeta-irmão da Terra. Além disso, depois da Lua, Vênus é o objeto natural de brilho mais intenso no céu noturno. A liberalidade de Vênus trazia os segredos do êxtase do amor para a vida dos atlantes.

Zafkiel regia o segundo Chacra, que está associado à definição da identidade pessoal e o desenvolvimento da PRESENÇA EU SOU. Esse chacra de cor alaranjada define a natureza e a qualidade de nossos relacionamentos com todos os seres e também com a vida orgânica da Terra. Ele estimula a questão da polaridade mediante o equilíbrio dos princípios *yin/yang*, permitindo-nos ajustar nossos relacionamentos harmoniosamente através de peso, espaço e tempo.

O Chacra Sacro é o centro de onde emerge nosso desejo, que leva ao prazer sensual e sensorial, bem como a força com que mantemos a compreensão de nossa sexualidade no mundo. É por meio dessas forças que desenvolvemos a capacidade de dar à luz novos níveis de entendimento de nós mesmos, da maneira como nos relacionamos com o mundo e com a substância da vida em geral.

No período final da Atlântida, Hathor levou a Congregação dos AMANTES SAGRADOS para o Egito e o Mediterrâneo, dando origem aos muitos Templos associados à existência de Hathor. Um dos grandes templos de Dendera ainda permanece de pé, em memória do impulso divino, da criatividade e da paixão dessa Deusa. Hathor personificava os princípios do amor como Sacerdotisa da beleza, do prazer, da natureza, da música, da maternidade e da alegria, e era considerada uma das deidades mais importantes de toda a história do Antigo Egito, pois, na verdade, ela era a personificação da natureza.

Prova disso é que Háthor costumava ser retratada como uma mulher de cabeça humana, mas com chifres, orelhas de vaca e pesadas tranças. Sobre a cabeça, entre os chifres, havia um disco solar acompanhado do Uraeus, que vinculava a soberania temporal no plano individual a uma missão espiritual. Mais tarde, na Grécia, Háthor foi adaptada à figura de Afrodite e, em Roma, de Vênus – a Deusa da beleza, do amor e da sexualidade.

Olhe com atenção para o ícone sagrado no início deste capítulo e você verá as figuras de Vênus e Marte. Eles acabaram de fazer amor, ilustrando a união única entre a vulnerabilidade submissa e o êxtase apaixonado do vínculo de *yin/yang*. Essas duas forças arquetípicas representavam como a força marcial e belicosa de Marte, quando unida ao belo amor de Vênus, revelava a antítese fundamental de conflito e concórdia, ódio e amor, intemperança e fortaleza em todos os seres humanos.

O segredo está no relacionamento entre as duas e em como pode se dar o crescimento do amor e da confiança a partir da fusão de tais forças. Isso desenvolve a agudeza da percepção, implicitamente presente no momento do resultado criativo como união inspirada que acaba por dar à luz uma nova ideia.

A criatividade é uma experiência sensual. É uma experiência sensorial do momento, envolvendo toque, som, imaginação, movimento, cheiro e gosto. Um artista concentrado em seu processo criativo costuma notar os sentidos tão aguçados, que o ato parece semelhante ao de fazer amor, no qual todos os canais perceptivos estão abertos e atentos. À medida que o artista continua a criar a imagem visual, uma frase falada, uma cadência musical bem trabalhada ou diversas imagens e impressões sensoriais podem interagir entre si, influenciando a obra final.

Tente cultivar o arquétipo do Amante Sagrado em seu íntimo. Busque gerar aquela agudeza de percepção e aquela concentração no instante a que Háthor e Afrodite nos convidam – sinta a excitação do sensual, permitindo-se maior prazer de vida em seu caminho devocional. Tente não se preocupar com o resultado ou objetivo, apenas saboreie o prazer picante que se revela a cada instante.

Julgamento e culpa são obstáculos que nos impedem de saborear o prazer da excitação, quer se façam presentes na reverência da devoção espiritual, na extraordinária pulsação do talento criativo ou na respiração ofegante do sexo intensamente sensual. Se inibimos nossa paixão, diversão e prazer, impossibilitamos o fluxo de poderosas forças em nós.

Portanto, cultivando um interesse pela estética, seja na música, na pintura, na poesia, na dança ou na dramaturgia, estimulamos também nossos sentidos – e, na verdade, nossa própria "sagacidade" – a alçar novos voos de amor, o que abre caminho para a atuação da obra e do auxílio divinos de Zafkiel.

Pergunte-se amorosamente como você deseja atrair a força de Zafkiel para o íntimo de seu coração, sua alma e seu corpo. As perguntas seguintes ajudarão a trazer a existência de Zafkiel para sua experiência de vida, celebrando a herança de sua alma e rejuvenescendo os ideais de seu amor.

O objetivo aqui é permitir que essa presença Angelical circule pelas células de seu corpo, de modo que compaixão, êxtase, romance e entrega, para mencionar apenas alguns atributos, se alojem totalmente em sua carne. Portanto, quando orar ou rogar a Zafkiel, a força desse maravilhoso Anjo Amante Sagrado logo o chamará ao propósito da busca de sua vida e, assim, você verá sua vida transformada pela força que vive no centro do Universo:

1. Sua mente e seu corpo estão abertos a revelar a paixão de sua alma?
2. Você consegue entregar o pulsar de seu coração a cada instante, ou você refreia a capacidade dele, determinando o resultado de cada ação?
3. A que diversão ou prazer você se dedica regularmente para revelar a criatividade de seu amor?
4. Você tem facilidade de abrir mão da ideia de controle e viver o momento?
5. A que aspecto de sua sensualidade você dá total liberdade quando está amando?
6. Qual o sentido predominante quando você pensa ou sente – você é cinestésico(a), visual ou auditivo(a)?
7. Você vive e trabalha de modo a sentir sua natureza sensual e sensorial se expandindo?
8. Você vive sempre consciente do amor, da compaixão e do êxtase profundos que circulam pelo Cosmos?
9. Você consegue ver os ideais do amor sendo potencializados pela experiência do romance?
10. Você dedica os atos de "amor sagrado" a Deus?
11. Que aspecto de submissão ou entrega à vibração superior do amor você sente que falta em sua vida?
12. Se sua vida fosse totalmente dedicada ao caminho do amor sagrado de Zafkiel, como seria o futuro?

Ponderar sobre essas questões fará com que alegria, paixão, inspiração, vitalidade e entusiasmo se derramem na substância de sua vida como ser de luz do Universo. Por outro lado, se não existe paixão em sua vida, se você não está emocionalmente envolvido(a) em seu processo pessoal e profissional, se não pulsa entusiasmo em suas veias quando você revela seu espírito ao mundo, existem sérias razões para suspeitar que não haja magia vivendo em seus sonhos. Por favor, consulte um profissional ou terapeuta que possa ajudá-lo(a) a revelar sua imaginação para si mesmo(a) e, em seguida, para o mundo.

O sentimento é a linguagem da alma e, portanto, estar aberto(a) à presença transbordante do amor é ser acariciado pelo amor eterno de Deus. Basta que nós nos entreguemos, pois o momento de nossa entrega não é aquele em que a vida termina, mas literalmente aquele em que a vida começa. Esse amor sagrado significa que começamos a cocriar com Deus, e os atlantes acreditavam que, quando se entregavam a Deus, rendiam-se a algo maior que eles: entregavam-se a um Universo que sabe o que está fazendo.

A congregação dos AMANTES SAGRADOS da Atlântida esposava os seguintes valores, fomentados por Hathor:

1. Sempre arder com o poder do amor, permitindo que ele envolva cada momento repleto de paixão;
2. Abrir, com essa paixão, um caminho de prazer e diversão, que são, por sua vez, dedicados ao divino;
3. Que a vida da Galáxia pulula de criatividade infinita, que pode ser venerada como sagrada e bendita;
4. Que a Lua e o Sol nos propiciam excelentes indicações de como os princípios masculino e feminino são equilibrados e, então, harmonizados pelo amor-poder de Vênus;
5. Que aquele que dá amor sagrado está reconhecendo a fonte da eternidade ao cocriar com Deus;
6. Um amor profundo e apaixonado pela evolução de todos os seres e de toda a vida da Galáxia;
7. Uma crença absoluta na submissão do Universo à Vontade Divina e os importantes rituais que nos permitem dedicar nossa vida à Fonte;
8. Uma consciência profunda de que as leis do universo amparam o Amor Sagrado;

9. A capacidade de expandir a própria alma à possibilidade da existência de todas as dimensões na Galáxia;
10. Uma constante entrega à poderosa orientação da Mãe Divina/ Pai Divino;
11. Veneração das joias eternas do amor, para o aprimoramento de todos;
12. A meditação constante dos princípios de Hathor na evocação de sua natureza sempre fértil.

Uma História sobre o Anjo Zafkiel

Fazia já algum tempo que eu não via Joe e, então, de repente, lá estava ele, belo, alegre, rico em afabilidade e, apesar disso, como antes, o sussurro de uma tristeza subjacente, logo abaixo da superfície de sua aparência, que sugeria que estava tudo absolutamente bem! Trocamos comentários espirituosos e animados enquanto esperávamos para entrar na St. James, Piccadilly, para uma daquelas maravilhosas palestras feitas por um grande talento dos Estados Unidos. Graças a Deus pelas Alternativas!

Eu não via Joe havia uns dois anos: desde quando ele me procurou pela primeira vez em busca de Discernimento com relação à reorientação criativa de sua carreira e seus relacionamentos. Trabalhamos bem juntos e eu o acompanhei quando ele passou por uma dura demissão, uma rápida guinada (na realidade, em três semanas) pela manifestação bem-sucedida de outro cargo mais elevado em uma excelente editora. Tudo parecia bem, pois ele ganharia um bom salário, tinha excelentes prospectos de promoção e a oportunidade criativa de conhecer autores destacados de uma diversidade de assuntos importantes que giravam em torno de Mente, Corpo e Espírito.

Em seguida, passamos a uma troca profunda a respeito de seus relacionamentos e, embora Joe não vivesse uma verdadeira relação amorosa havia já algum tempo – em vez disso, ele passara por uma "sequência" de casos amorosos passageiros – consegui ajudá-lo a definir seu propósito e tomar a decisão de criar um relacionamento sério que reverberasse amor centrado no coração e na alma. Joe ficou animadíssimo com esse compromisso e nós discutimos a melhor estratégia para sua manifestação, usando técnicas avançadas de criação no tocante a autorrealização. Esses processos diretos adotavam a ideia de que nós criamos nosso próprio destino e de que basta ter convicção, fé e confiança – sentindo que o resultado desejado está ao seu alcance.

Quando reencontrei Joe, mais uma vez nos degraus da St. James, fiquei felicíssimo ao ver que ele não estava só, e fui apresentado à sua maravilhosa parceira, com quem ele estava havia um ano e meio – ele havia levado apenas seis meses para manifestar uma bela mulher. O encontro foi mágico, exceto, mais uma vez, por aquele sussurro silencioso de tristeza.

O casal queria muito um filho, mas Judy estava enfrentando dificuldades para engravidar. Incentivados por sua convicção e fé com relação a nosso inesperado encontro, eles decidiram agendar uma sessão comigo enquanto conversávamos afetuosamente sobre a conexão vibrante entre nós. Em uma semana ou duas, eles foram a meu consultório.

Por meio de perguntas gentis, logo ficou evidente que Judy havia vivenciado um horrendo estupro quando estudava na Escola de Artes, uns 15 anos antes de nosso encontro. Em consequência do estupro, ela ficara grávida, mas as circunstâncias traumáticas do acontecimento fizeram com que ela se sentisse obrigada a interromper a gravidez de apenas quatro semanas.

No entanto, embora não tivesse tido a criança, isso não a libertou totalmente da autocensura, da repugnância por si mesma, do choque e do ódio que sentia pelo homem que a havia atacado. Pouco depois do estupro, o criminoso fora preso em virtude de um longo processo judicial de que Judy participara como testemunha e em que o tribunal condenara o homem por estupros em série, de mulheres e homens.

Judy havia recebido pouco aconselhamento pós-trauma e estava muitíssimo vulnerável, de modo que começamos logo a restabelecer os fragmentos de sua alma, que fora estilhaçada pelo crime e a crise que o acompanhou. Identificamos cada parcela de poder pessoal que ela havia perdido por causa do acontecimento traumático e exploramos cada elemento da equação emocional enquanto curávamos as feridas, usando a Alquimia como meio de transmutar a dor. Por fim, investigamos o elemento cármico da batalha que ela havia vivido.

Durante todo o tempo, Joe manteve Judy na convicção do amor profundo e, diante de seu zelo, notei a luz alaranjada cintilante de Zafkiel em torno do casal, que era muito bonito. Por isso, apresentei-lhes a ideia e o poder de cura desse poderoso auxílio angelical e, tocados, eles decidiram trazer Zafkiel para cada aspecto da cura de Judy, de modo que toda a provação que ela havia enfrentado veio a ser reconhecida como uma dádiva – uma promessa de estabelecer um relacionamento muito mais íntimo com o Divino e, assim, experimentar o amor profundo que transborda da Fonte.

Nós ritualizamos tais promessas, e o voto que Joe e Judy fizeram naquele dia era de natureza duradoura e profunda, levando-os aos recessos mais profundo do conhecimento do amor sagrado. Assim, o enlevo e o êxtase do processo intensificaram a paixão que eles sentiam um pelo outro, iniciando a cura do trauma físico e emocional que Judy havia vivenciado.

O casal meditava sobre o poder de Zafkiel duas vezes ao dia, durante sua prática meditativa diária, e começou a sentir a necessidade de explorar o aspecto tântrico de seu relacionamento, o que também intensificou o caráter de sua criatividade. Eu lhes ensinei um ritual usado na Atlântida (e transmitido a mim pelos Anjos) para atrair o poder da Lua a fim de aumentar a criatividade e a paixão pela vida, ritual este se alinhava com a criatividade e a magia de Háthor.

Como Judy já era uma artista talentosa, o resultado foi que ela começou a pintar muitos aspectos de sua cura, o que fez com que os elementos alaranjado-flamejantes do amor de Zafkiel agissem na queima de sua experiência de formas absolutamente orgânicas. Tratava-se dos matizes de carmesim profundo e alaranjado do ocre queimado e do amarelo toscano. Tudo brilhava e iluminava a expiação da dor profunda e dos conflitos arraigados que Judy vivenciara até então, sem nunca os expressar plenamente.

Três meses depois desse desenleio, Joe me ligou para dizer que Judy estava grávida e que suas orações haviam sido atendidas. Na verdade, na noite mesma em que conceberam, eles experimentaram um êxtase sublime, muito além de qualquer coisa que já tivessem sentido antes, e, no ápice de sua paixão, sentiram a poderosa presença de Zafkiel preenchendo todo o quarto, intensificando seu ato de amor e curando o ventre de Judy. Intuitivamente, eles souberam que havia acontecido uma fusão de proporções divinas, trazendo consigo um espírito que desejava a alegria da encarnação. A certeza do casal chegava ao ponto de sentir que a alma seria uma menina.

Hoje, sou o feliz padrinho da amada Sophie, uma linda Criança Cristal de 7 anos de idade. Sophie trouxe imensa força aos pais e, em consequência, o amor de ambos produziu uma abundância que substitui qualquer desejo de glória.

Segue abaixo a oração que Joe e Judy usaram.

Uma Oração para o Anjo Zafkiel

Ó, Arcanjo Zafkiel,
Por favor, sustenta-nos suavemente, neste momento, por meio de sua profunda e infinita paixão, e permite que nosso amor sagrado inflame nosso ardor às alturas de um novo amor. Ao mesmo tempo, permite-nos sentir tua doce carícia, para que possamos nos comprometer com a cura pelo amor.

Por favor, vê-nos como um casal que busca ardentemente por compaixão, para que possamos nos entregar à grandiosidade de teu amor sagrados.

Dá-nos a possibilidade de, pela graça, estarmos à altura de um pôr do sol e de um nascer do sol mais magníficentes, para que possamos nos maravilhar na glória da Fonte e nos sentir tocados pelo êxtase de tua natureza divina.

E, por favor, dá a todas as nossas efusões criativas a oportunidade de alcançar, por seu ardor, a fruição de uma alegria que transpasse nosso amor.

Que assim seja.
Amém.

Uma Afirmação Diária para Atrair a Força de Zafkiel

Que eu me entregue
Que eu sinta o êxtase
Que eu ame com compaixão
Que eu viva no romance da alma

Meditação para Tornar-se Um com a Presença de Zafkiel

1. Encontre um espaço sagrado para você, seja em contato com a natureza, ou seu próprio quarto de meditação;
2. Acenda uma vela, queime canela (o perfume ou essência de Zafkiel) e coloque música ambiente para tocar, a fim de consagrar o espaço com uma intenção pura e amorosa;
3. Tendo consagrado o espaço, inspire a intenção de estar na presença de Zafkiel pelo espaço. Se você tiver uma pequena cornalina, segure-a na mão ou, se estiver deitado(a), coloque-a sobre seu coração;
4. Alinhe a coluna, forme um *mudra*, unindo o polegar e o indicador. Sinta sua presença plenamente vigilante, quer você esteja sentado(a) ou deitado(a);
5. Respire profundamente, fazendo com que o ar-luz do universo percorra todo o seu ser. Sinta SILÊNCIO, SOLIDÃO E QUIETUDE, pois isso nutrirá sua alma;
6. Respire profundamente a luz Cornalina e entoe OM sete vezes, a partir de seu chacra cardíaco. Isso atrairá a presença de Zafkiel a mergulhar mais fundo em seu campo energético;
7. Descanse e perceba que uma força pura irradia de seu coração ao espaço à sua frente, cobrindo uma distância de pouco mais de dois metros. À medida que sua força se intensifica, imagine um belo Orbe de luz ALARANJADA surgindo na extremidade do raio de luz de seu coração. Essa é a força da presença do Anjo Zafkiel. Em seguida, descanse e ouça os sussurros oraculares da mágica presença desse Anjo, sussurros que são repletos de compaixão, entrega e amor sagrados. Enquanto medita, você sentirá a luz celestial das energias dos reinos arcangélicos de sétima dimensão amando e curando sua vida pela comunhão com os Anjos da Atlântida.

Namastê

Epílogo

Somos feitos da mesma substância
De que são feitos os sonhos; e entre um sono e outro
Decorre nossa breve existência.
  – Shakespeare

Terminar de escrever um livro é algo que traz uma brisa de doce tristeza, pois o ato de formular pensamentos e sentimentos por meio da palavra escrita cria um vínculo forte com a mensagem que se apresenta impressa diante de nós. É como dizer "Adeus" a um amigo querido e, como aprendemos na jornada de nossa alma, finais são sempre começos, de modo que, neste momento, os Anjos da Atlântida representam uma epifania – eles nos convidam a manifestar uma visão que inspira o universo inteiro.

Em nossa passagem pela vida criada na Terra, antes de concluirmos nossa jornada temporal, os Anjos desejam que nos banhemos no conhecimento de que somos realmente feitos da substância de que são feitos os sonhos. Pois somos "pó de estrelas" e participamos de um Universo que é um todo interligado, em vez de apenas desempenharmos um papel de observadores ao longo do drama de nosso prazer ou sofrimento.

Os Anjos desejam que vivenciemos a experiência da vida na plena presença do pensamento, do desejo, da paixão, da ação, da vontade e da inteligência que cria o sonho. Assim, temos o potencial de alterar o destino da consciência cósmica por meio das ondas de pensamento unificado, trazidas à consciência na bravura de nosso coração e no êxtase de nossa alma.

Basta nos mantermos em contato constante com a consciência do Cosmos, sabendo que tudo está eternamente entrelaçado no circuito de nosso amor. Pois existe consciência em todos os lugares do cosmos e em tudo o que ele abriga, afinal, consciência é, em verdade, a única coisa que existe e, portanto, somos feitos da consciência que é a consciência absoluta.

A percepção clara da existência dos Anjos revela que somos cosmologicamente raros, que possuímos o grande dom do livre-arbítrio criativo como uma joia preciosa e incomparável. Pois, na concepção, após apenas 50 replicações celulares, nós nos tornamos cem trilhões de células, e isso é mais do que todas as estrelas da Via Láctea. Além disso, em cada instante de sua vida, seus órgãos estão acompanhando o som, a vibração e o movimento de cada um dos planetas, porque nosso corpo está em harmonia com a sinfonia do Cosmos. Todo o seu ser é uma bússola com o potencial de navegar não apenas por esta vida, mas de existir em muitas dimensões simultaneamente, como forma de compreender o destino último da própria criatividade – a arte do amor sincero pintado na imensa tela da criação.

Os Anjos querem que nos vejamos como seres luminosos e criativos, envolvidos no impulso evolutivo do Cosmos e cada vez mais conscientes de que cada instante é uma partícula divina de tempo autorrealizado. Pois, neste período de transição cosmológica, – período em que podemos, com máxima pureza, incorporar uma oitava de amor galáctico sem igual – nossa presença física está alcançando um potencial de transfiguração. Isso significa que nosso campo energético pode, dentro de sua fusão cósmica, expandir ao ponto de nos tornarmos semelhantes a orbes de luz – transformando-nos como que em Anjos dentro de nosso campo de atuação.

A consciência nos chama a transcender o emaranhado das atuais vicissitudes geopolíticas, sociais e financeiras ao criarmos um novo paradigma pelo restabelecimento do céu sobre a terra. Isso significa que seguimos rumo a uma nova luz na velocidade em que despertamos do sono profundo para o mundo do despertar ao raiar da aurora.

Veja, nosso corpo foi geneticamente projetado para permitir que a consciência de nós mesmos navegue na crista da onda da criação, a fim de possibilitar que uma projeção da eternidade se manifeste totalmente na tela da humanidade, em plena interação com a densidade da matéria terrestre. Nesse processo, muitos apresentam provas do Deus Único, pois é por meio desse poder que nos é dado reconhecer nosso propósito, nossa vocação e nosso destino último.

Tal como era na Atlântida, ao abraçarmos a vibração do amor ao longo de momentos sucessivos de consciência centrada no coração, com aquele grau de convicção que sinaliza que "o amor é tudo o que existe", nós escancaramos a fornalha de nossa fundição espiritual repleta de certeza, e a compaixão inteligente de um antigo caminho de amor marca a ferro nossa vida. Com essa paixão, forja-se uma trajetória ao céu!

Às nossas costas, estende-se uma dura paisagem de dificuldades, coberta dos escombros de nossas dores de crescimento, pois geralmente encontramos caos quando adentramos nas profundezas da sombra. No entanto, quando sacudimos a poeira de períodos mais sombrios, vemos nossa luz renovada pela ideia da união da consciência amorosa de nossa alma com o divino – constante, eterna e sempre transbordante do ardor incondicional da paixão que é fruto do amor e da criatividade.

Cocriação é o fervoroso desejo dos Anjos para nós, como uma realidade que já existe para eles, e na crença de que a colaboração, não a competição, é o próximo passo evolutivo da humanidade. Os Anjos nos conheciam antes de nos tornarmos seres de terra e água. Eles querem que mergulhemos na consciência do grande campo sonoro, que deixemos de lado as palavras e percebamos que somos o protótipo de uma nova espécie cósmica, parte material, parte solar. Pois no íntimo de todo ser humano está a vibração do temporal e do eterno; afinal, somos uma espécie galáctica que pode transpor o abismo entre o invisível e o visível, o mistério e o explicável, a fé e a dúvida.

Assim, por nosso intermédio pode ocorrer um novo ciclo de criação, um ciclo que manifeste novos mundos e nos permita perceber que somos reflexos de uma conexão única com o divino.

Não existe estrela, planeta, sol ou lua, árvore ou folha, planta ou flor, montanha ou grão de areia que não seja uma forma viva passando pela experiência da vibração original. Isso é conhecido como individuação e emerge do grande EU SOU O QUE EU SOU. Quando personificações dessas vibrações se diferenciam, elas disparam como meteoros saltando do firmamento. Elas partem a fim de vivenciar relações com outras que fizeram a mesma coisa, ocorrendo antes de voltar a submergir no campo unificado de luz que é o oceano dos céus, de onde a energia jorrou no início.

EPÍLOGO

A mensagem da cosmologia é clara e a história dos Anjos, sucinta. Trata-se da reconexão com a magia da imensurável consciência dos vetores ampliados e das estradas prateadas da galáxia. É nos ajudar a reconhecer que os seres humanos não podem viajar para dentro de si mesmos sem explorar os limites infinitos da eternidade. Pois os Anjos sugerem que cada vetor de manifestação é uma oitava existente em um único contínuo vibracional. À medida que as oitavas se abaixam, elas oferecem maior diversidade de criação, ao passo que, nas oitavas superiores, há uma redução das formas criativas, com um retorno à singularidade da existência inclusiva.

O que proporciona a grande diversidade de criação para o *Homo sapiens* é sua capacidade de seguir livremente para onde quiser, enquanto transita por essas possibilidades. É dentro dessa força que se alcança todo o conhecimento, porque é nesse nível do plano terreno que o conhecido depara com o desconhecido, e a diversidade maximiza tais oportunidades de aprendizado.

Os Anjos desejam que tudo corra bem em sua jornada, orando e recomendando, como sempre fazem, que cada instante se torne, para você, um momento único de amor revelado em sua jornada pela encarnação que você escolheu. Pois sua vida é um caminho escolhido, que vai se revelando ao comando de sua alma, trazendo-lhe momentos de rara evolução como uma força de consciência animada dentro do Cosmos.

De máxima importância aos séculos mais recentes é a evolução consistente da comunicação global por meio da Internet. Em consequência da tecnologia da comunicação, a educação sobre os Anjos avançou rapidamente, realizando a promessa de uma antiga profecia registrada, pela primeira vez, na Atlântida.

Os cenários mais trágicos de nossa transição para uma ordem pós-histórica de existência já não são possíveis, de acordo com os Anjos. Portanto, teríamos condições de alcançar o objetivo ideal de uma transição sem percalços a uma nova Era de Ouro, porque uma resposta "viral" ao despertar planetário poderia ocorrer a qualquer momento. Notamos recentemente rumores expressivos de consciência planetária nos primeiros meses de 2011, com a abolição das restrições do antigo paradigma patriarcal em países como o Egito e a Líbia, dentre outros. Mais importante ainda, na superfície da energia de um popular sistema de crença que afasta muitos da beleza do amor incondicional, vimos uma mudança decisiva.

Do mesmo modo, 4 bilhões de habitantes do planeta Terra pararam para assistir, por transmissões via satélite, ao casamento elegante e surpreendentemente inocente de dois jovens, que se tornaram o Duque e a Duquesa de Cambridge. Esse foi um espetáculo sem precedentes de combustão imaginativa. Pois mediante seu juramento solene, mas alegre, aqueles dois jovens criaram uma força de amor e júbilo que assumiu uma posição oracular no coração e na alma de todos nós. Foi a substância de que são feitos os sonhos, pela qual se pode conhecer uma liberdade maior.

Estamos no centro do momento crítico de um grande acontecimento meta-histórico, em que os membros de nossa espécie se conscientizam de maneira triunfal, em que a humanidade se torna o ser humano afável, em que o amor ao poder se torna o poder do amor e o amor pela vida jamais voltará a ser o mesmo. Esse será o sinal de uma fase diferente da evolução humana, com a criação de novos paradigmas, novas fronteiras, uma nova maneira de lidar com as coisas, novos *insights* e novo amor – aspectos em que os Anjos da Atlântida são nossa constante inspiração, pelo que minha mais profunda gratidão transborda em fervorosa celebração de sua verdade, sabedoria, amor e apoio incondicional cheio de amor, em todos os momentos. Que seus sonhos sejam sempre radiantes!

Stewart Pearce
Londres, agosto de 2011